(第 5 版)

マーケティング入門

亜細亜大学経営学部
マーケティング研究会 ［編著］

五絃舎

目　次

序：マッチング活動としてのマーケティング ———————— 3

第1講　流通：マクロ・マーケティング ———————— 9
1　交換の難しさ ……………………………………………… 9
2　流通を巡る商人の役割 …………………………………… 15
3　マッチングの二つの方法 ………………………………… 18

第2講　小売流通とマッチング ———————————— 23
1　小売・小売業・小売サービス …………………………… 23
2　小売業の業態と業態革新 ………………………………… 25
3　ネット通販 ………………………………………………… 32

第3講　卸売流通とマッチング ———————————— 37
1　食料品の卸売市場 ………………………………………… 37
2　流通機能と卸売機関 ……………………………………… 38
3　卸売概念と中抜き現象 …………………………………… 40
4　IT（情報技術）が変える流通と卸売機能の本質 ……… 42

第4講　情報と流通 —————————————————— 51
1　流通と情報の関係をみるポイント ……………………… 52
2　現代の流通システムとコミュニケーションの重要性 … 57

第5講　マーケティングの世紀 ———————————— 67
1　マーケティングの生成 …………………………………… 67
2　現代のマーケティング …………………………………… 69
3　マーケティング・コンセプトの啓蒙 …………………… 73
4　マーケティング理論の体系化 …………………………… 75

第6講　マーケティングの本質 ———————————— 79
1　マーケティングの定義 …………………………………… 79
2　様々なマーケティング方針 ……………………………… 80
3　ホリスティック・マーケティング・コンセプト ……… 82

4　顧客 ……………………………………………………………… 86
第7講　マーケティング・マネジメント ──────────── 91
　　1　マーケティング・プロセス ……………………………………… 91
　　2　マーケティング戦略 ……………………………………………… 93
　　3　事業の戦略 ………………………………………………………… 97
　　4　マーケティング・マネジメント ………………………………… 99
第8講　製品の戦略 ─────────────────── 103
　　1　製品の位置づけと製品の考え方 ………………………………… 103
　　2　製品ラインと製品ミックス ……………………………………… 111
　　3　製品ライフ・サイクル …………………………………………… 113
第9講　価格の戦略 ─────────────────── 117
　　1　価格戦略と影響要因 ……………………………………………… 117
　　2　価格設定の基本的アプローチ …………………………………… 122
　　3　価格設定戦略 ……………………………………………………… 125
第10講　流通チャネルの戦略 ────────────── 129
　　1　流通チャネルの選択 ……………………………………………… 130
　　2　流通チャネルの管理 ……………………………………………… 135
第11講　コミュニケーションの戦略
　　　　── プロモーション戦略 ── ─────────── 143
　　1　マーケティング・ミックスの中のプロモーションの位置づけと
　　　　その構成要素 ……………………………………………………… 143
　　2　プロモーション・ミックス ……………………………………… 150
　　3　買手の反応を階層的に捉えるモデル（反応階層モデル） …… 152
　　4　AISAS©モデルとクロス・コミュニケーション …………… 154
　　5　PRと企業広告 …………………………………………………… 155
第12講　サスティナビリティとマーケティング ─────── 157
　　1　サスティナビリティとは ………………………………………… 157
　　2　サスティナブル・マーケティングの要請 ……………………… 161

3　サスティナブル・マーケティングの実践：D社の循環型ビジネス … 165
第13講　サービスとホスピタリティのマーケティング ━━━━━ 171
　　1　マーケティング小史 ── 製品志向から販売志向そして顧客志向へ … 171
　　2　1969年に何があったか ………………………………………… 173
　　3　サービスのマーケティング …………………………………… 175
　　4　経験価値マーケティング ……………………………………… 179
　　5　ホスピタリティ・マーケティング ── 相互作用から共創へ ………… 180
第14講　マッチングのプロセスで何が起こっているのか ━━━━ 183
　　1　マッチングの今 ………………………………………………… 184
　　2　GDロジックからSDロジックへ？
　　　　── 形あるモノからないものへ ── ……………………………… 185
　　3　消費とはどういうことなのか，価値はどのように実現するのか …… 186
　　4　マッチング主体としての消費者 ……………………………… 187
　　5　価値はどう実現するか ………………………………………… 189
　　6　価値をどのように形にするか……ジョブズの流儀 ………… 192
　　7　廃棄までの時間軸 ……………………………………………… 194

索　引 ━━━━━━━━━━━━━━━━━━━━━━━━━ 197

マーケティング入門

本書の序を除いた各講は

- キーワード
- 本　文
- 参考文献

から構成されている。

※本書，第5版発行にあたり，構成の変更，細かい字句の訂正，データの更新および第4講と第14講を加えた。（2012年9月）。

序：マッチング活動としてのマーケティング

　この本の特徴はその構成にある。
　まず目次を見ていただきたい。第1講から第4講までは，流通全体に焦点を当てて，その流通に関わる主体として小売と卸をとりあげる。こうした視点は，日本で独自の学問的発展をとげた，商業論，流通論，商業経済論といった，歴史的に流通の担い手であった商人の役割を解明してきた研究の伝統に根ざしている。
　流通に対するこうしたアプローチは，アメリカではマクロ・マーケティングと呼ばれ，日本でもそのように呼ばれてもいる。
　もう一つの特徴は，マッチングという言葉（概念）で，次のような意味合いで用いられる。
　市場では需要と供給が出会い価格が形成されると考えられているが，需要と供給は，小売商や卸売商などの商業者によって，調整されて初めて出会うことができる。たとえば，お昼のために何か飲み物とおにぎりが欲しいと思って（需要），近くのコンビニに出かけていってそれを手に入れたとしよう。こうした日常的な需給の出会いは，偶然に起こっているわけではない。コンビニエンス・ストアは，お昼を求めてやってくる人のために，お弁当やおにぎりを用意している。そして，あなたもまた，そこに行けば求めているものが手に入ると思っている。
　つまり，こうした需給の出会いは，近隣の人々の需要状況を把握し，それに応える品揃えをして待っているコンビニという小売業者の努力によって実現している。このように，偶然出会うのではなく小売業者の努力によってもたらされることを指して，マッチングという言葉を用いる。
　流通に関わるすべての主体——商業者だけでなくメーカーも，また消費者も

——は，このマッチング活動に携わっている。ただし，本書においては，消費者によるマッチング活動（たとえば生活協同組合）については，言及するのみとし詳細には論じない。

　メーカーのマッチング活動については，マーケティング活動として第5講から第11講にわたって詳論する。メーカーを中心としたマッチング活動にウェイトを多く置くのは，次のような歴史的な理由による。なお，このように，流通を担うそれぞれの主体の視点からマッチングの問題を取り上げる方法をミクロ・マーケティングと呼んでいる。したがって本書の特徴を別の形で述べれば，マクロ・マーケティングとミクロ・マーケティングとを以上のような視点から取り上げている点である。

　マーケティングという言葉で把握される製造業者によるマッチング活動は，20世紀初頭から意識されるようになった。1912年，ショウ（A.W. Shaw）は『市場流通に関する諸問題（Some Problems in Market Distribution）』という本で，初めて今日につながるマーケティング活動の理論化を行った。今日的な意味でのマーケティングという言葉も，この本を始まりとする。

　ショウがここで「問題」と考えたのは，流通が商業者によって担われているために，製造業者の意思が通らないという点であった。端的に言えば，商業者は特定の製造業者のためにマッチング活動を行っているわけではないから，自社のためだけに働いてくれるわけではないからである。そこでショウが提示した製造業者にとっての解決方法は，自社製品にブランドをつけ，事前に個別包装し，当時広がっていたマス・メディア——新聞や雑誌——を通じて事前にブランドを売り込み，消費者に指名購買をしてもらうという今日的なマーケティングの手法（プル戦略）であった。

　それまでは，たとえばビスケットなどの食品は秤売りであり，ブランドはつけられていなかった。消費者は，小売店に対する信頼をもとに買い物をしていた。多くの製造業者は，商業者に依存する形で自社の製品を販売していたのである。

　マーケティングは，このように，商業者のマッチング活動から製造業者自ら

の意思が通るように，マッチングの主導権を握るために生まれたということができる。このようなことができるのは，大規模になり力をつけていった企業であったからである。

　19世紀から20世紀初頭は，大規模製造業者が多数生まれ，経済をリードしていった時代であり，流通の主導権が，流通業者から製造業者へと移っていく時代であった。産業革命が進み現代の株式会社制度が確立し，独自に資金を集めることができるようになった製造業者は，生産システムや労務管理の合理化を進め，どんどん大きくなっていった。ちなみに，フレデリック・W・テイラーが，「科学的管理法」についての本を発表したのが1911年であった。これは，作業の動作研究や時間研究を通じて標準的な作業（課業）時間を割り出し，それを超える作業効率の者には割り増しの給料を払うという差別出来高制を骨子の一つとしている。

　製造業者の規模が大きくなったというだけでなく，作ったものを商業者がうまく消費者に伝えることができなかったり，商業者は特定の製造業者のために働いているわけではないから，その製品を積極的に売ろうとする意欲に欠ける場合もあった。そのような場合にも，製造業者みずからが小売にまで関わるようになっていった。

　南北戦争を契機に急速に普及していくミシンを製造販売したシンガーミシンは，使い方の説明や消費者の指導の必要性から，みずから系列小売店を展開していった。

　コダックは，それまではガラス板に感光剤を塗って撮影し，それを現像するという特殊な装置と技術を必要としたカメラを，フィルムを箱の中に入れてそのまま貸し出し，撮影後は，箱ごと戻されたフィルムを現像しプリントして客に渡すという方式を考え出して爆発的なヒットを飛ばした。富士フイルムの「写ルンです」の仕組み（ビジネスモデル）そのままを，なんと1865年頃に行っていたのである。「あなたはボタンを押すだけ，後はわたしたちにおまかせを！（"You Press the button, we do the rest."）」みごとな広告コピーである。

　「マーケティング」という言葉が生まれる前には，このようなさまざまな企

業によるビジネス活動があったわけで，そのような時代のうねりの中で，活動としてのマーケティングもまた言葉としてのマーケティングも，生まれたのである。

　20世紀の初め，すでに経済の中心的な担い手となってきていた大規模製造企業による，自社製品の販売という個別的なマッチング問題解決のために生み出され磨かれてきたのがマーケティングという学問であった。

　商業者から製造業者へというマッチングの主導権の移行は，そのままで終わることはなかった。今日では，大規模商業者の力が強大になり，ふたたび主導権が商業者へと移りつつある。アメリカでは世界最大の小売業者Wal-Mart，日本ではセブン・アンド・アイ・ホールディングスやイオンを挙げれば容易に想像できるであろう。

　かつて，戦後のわが国家電業界では，大手メーカーが零細な卸や小売を育て，有力卸を中心に販売会社（メーカーの卸機能を果たす）を作り，小売段階に自社の系列小売店網を築くことで，家電流通全体を管理してきた。ところが，2010年，象徴的出来事があった。つぎのような報道があったのである。「ヤマダ電機やエディオンなど大手家電量販店が地域の小規模電器店の系列化を加速する。フランチャイズチェーン（ＦＣ）などへ加盟を促し，数年内にヤマダは加盟店を３倍に，エディオンは倍に増やす。家電メーカーは系列店の選別支援を進めており，量販各社はメーカー系列から外れる電器店などを低価格の商品供給で囲い込む。──ヤマダは2012年春までに，現在1,000店強あるＦＣ店とボランタリーチェーン店を３倍の3,000店に広げる。」

　かつて，メーカーによる系列化の対象であった小売業者が，力をつけ巨大化し，みずから系列小売店網作りを進めていっているのである。

　マーケティングは，物を中心とするマッチングをその中心的な課題にしてきたが，1970年代以降，そうした活動の社会や環境に対する影響を考慮し，積極的にマッチング活動の中に組み入れるべきという考え方が広がってきた。また，形のあるモノのマッチングだけでなく，形のないモノのマッチングの重要性が

取り上げられるようになってきた。このような新しいマーケティングの傾向を反映して，第12講では「サステナビリティ（持続可能性）」とマーケティングの問題を取り上げる。

そして第13講では，形のないもののマッチングとして，サービスとホスピタリティに関するマーケティングを取り上げる。

最後に第14講では，本書におけるマーケティング理解の中心に置いた「マッチング」という考え方を，「価値の実現」と捉え，どのようにしてそうした価値実現が成立するのか，具体的な例を手掛かりに掘り下げる。

第1講　流通：マクロ・マーケティング

> **キーワード**
>
> 交換，　マッチング，　商人，　マクロ・マーケティング，　ミクロ・マーケティング，　販売の社会性，　販売の個別性，　商流，　物流，　情報流

1　交換の難しさ

1.1　交換の難しさ

　交換は非常に難しい。メーカーが技術の粋を集めて作り上げた高性能のデジカメも，なぜか消費者によって選ばれないこともあるし，Post-itのように，しっかりとは貼れないという機能が思いもかけずうける場合もある。

　この交換の困難さは，物々交換の昔も，分業の進展によって生産者と消費者が地理的にも時間的にも遠く離れた現代においても，全く変わることはない。今日では，わたしたちは，欲しいものがあることが当たり前のようにコンビニに出かけていったり，お気に入りの専門店に行ったりして買い物をしている。そこには自分の欲しいものが品揃えされていると分かっており，そして，期待通りそのお店には，自分の欲しいものが取り揃えられている。

　このあたりまえのことは，ある意味で奇蹟に近いことなのであるが，われわれは，そうした感動をいちいち持つことなく暮らしている。逆に，あると思って買いに行ったところそこになかったといったことが起こると，不愉快に思ったりする。

　当たり前のように欲しいものを欲しいだけ欲しいときに手に入れているとい

う毎日の出来事の背後には，その物が作られてからそのお店に並べられるまでの流通があり，流通に関わるさまざまな役割（機能）を果たす組織や人がいる。

ここでは，このように複雑な仕組みのもとに営まれている流通を明らかにするために，欲しいものを他の人と交換するという原点に遡って，検討を加えることにしよう。

もしあなたが自分自身で，誰かと何かを交換しようとする場合，それがそれほど簡単なことではないのは，異なる価値のものを交換しようとするからである。

交換が成立するためには，まずは，あなたが持っているものを欲しいと思う人を探し出さなければならない。そして，その人が，あなたが交換しても良いと思うものを持っていなければならない。そもそもそうした交換相手がどこにいるのかを見つけること自体が大変なのではあるが，そうした相手が見つかったとしても，たとえば，どのくらいの量の手作りクッキーとＣＤ１枚が等しい価値（交換価値）と考えるかをお互いに合意するのは簡単なことではない。それは，それぞれの効用（使用価値）が違っており，量的な比較ができないからである。

このように，自分が手放していいと思っているモノと自分が欲しいと思う他の人のモノとを交換するのは，実は不可能といっても良いくらい困難なことなのである。

自給自足から物々交換への移行は，それぞれの交換主体が，他の人と交換しても良いと思う余剰生産物を持ったときに生じる。そして，たとえば得意なものについてコンスタントに余剰生産物が生まれるようになると，やがて，その製品に特化して，見込みでより多く作るようになる。他方，その品物をあてにして待つようになる人が出てくる。こうして，分業が進んでいく。

こうした分業が進んでいく前には，それと平行して交換の困難さが克服されていなければならない。上述したような交換相手や交換比率に伴う不確実性は，何らかの形でまとめられる（プールされる）ことで克服される。お互いの持っているものを持ち寄って一堂に会すればいいのである。こうして「市場（いち

ば）」が生まれた。

　物そのものではなく交換対象物についての「情報」を一堂に集めるということであれば，方法は他にもある。コミュニティ紙などの「売ります，買います」コーナーに載せたり，インターネットのオークション・サイトに載せたり，といった方法である。ネットは地理的な広がりを原理上世界にまで広げるから，交換の困難さは著しく低くなると言えるだろう。

　それにしても，オークション・サイトでは，ものとものとを直接交換するのではなく，いったんお金に換えて，改めてあなたが欲しい何かを，同じようにオークション・サイトで探すといったように，お金という価値の共通尺度になってくれるモノに変えるという手順をとる。

　このように，お金という共通尺度も交換成立のためには重要な発明であった。しかしその前に，中間に誰かが立って取引を仲介することで，必ずしもお金を介在させなくとも，先に述べたような交換の困難さは克服される。中間に立つ者は「商人」と呼ばれ，次のような役割を果たすことで流通過程に存在する根拠を持つとされている。要するに，「なぜ商人は存在するようになったか」の理由であり，「商人の存立根拠」と言われている。

○取引回数節約（自分の手元に一旦まとめておくことで取引の回数を少なくする）
○不確実性プール（交換対象を見つけられるかどうか分からないという不確実性を，やはり手元にまとめておくことで克服する）
○時間的・場所的隔たり（懸隔）を克服する。

1.2　人はなぜ交換するのか

　アダム・スミスは，人間には交換性向があると言ったが，そうした傾向がいわば本能的に備わっていると言ってしまう前に，人はなぜ交換するのかを，すこしだけ考えてみよう。

　人間は，家族にしろ部族にしろ集団を作るから，自給自足といっても，最低限家族内や部族内での役割分担や分配，交換はあっただろう。しかし，所詮は

その共同体の中の世界のことであり，よく知った世界の中での出来事である。

平穏に暮らしていた部族共同体は，時に，外部の全く知らない他部族と遭遇し，所持品を奪い取ったりする。こうして，略奪を通じて自分たちの共同体以外の世界を知ることになる。

略奪は手っ取り早く外部世界を知る方法ではあるが，多くの犠牲も伴う。こうして，平和のうちに同じような効果を得られるものとして，交換が工夫された。交換してもいいものを並べておいて身を隠す。次に，相手が交換してもいいものを相手が並べたものの横に置き身を隠す。先においた方が並べておかれた相手のものとこちらが置いたものとを交換していいと思ったらそれを持ち帰る。このように，言葉を交わさずに，平和裡に外部世界のものを手に入れるようになった。世界中のあらゆる場所に見られた「沈黙交易」という交換形態である。

このような沈黙のうちに行われる交換を，過去の特殊なことと思うかも知れないが，現代のわれわれもまた，コンビニエンス・ストアで，言葉を交わすことなくモノをお金と交換している。両者にどれほどの違いがあるだろう。昔も今も，交換は，世界を広げる行為である。

1.3　交換の工夫 ── 市，貨幣，商人

1対1の交換成立の難しさは，三通りの工夫を生み出した。一つは，すでに見たように交換してもいいものを一カ所に集めることであり，もう一つは，自分が使うためではなく，別の交換のために，品物を手元にプールしておく役割を果たす者の登場である。前者が「市場（いちば）」であることは言うまでもないが，後者は，「再販売業者」としての商人の誕生である。そしてもう一つは，それ自体を消費すると言うよりも次の交換に使える共通の価値尺度としての「貨幣」の誕生である。

物々交換の場としての「市場（いちば）」

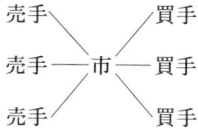

　交換したいもの（余剰生産物）を持った人々が一つの場に集まり，そこで互いに相手を見つけ，交換をスムーズに成立させる。「市場（いちば）」は，需給のマッチングの場であった。市場（しじょう）と呼ばれる抽象的な広がりもまた，需給のマッチングの場であることに変わりはない。コンピューターの端末を操作することで瞬間瞬間に生まれる外国為替市場もまた，お金に対する需給のマッチングの場である。いずれにしろ，市場は，空間的に交換可能性をプールする「場」としての役割を果たしている。

お金（一般的等価物）を介しての交換

　貨幣という（一般的）等価物を生み出すことで，交換はよりスムーズになった。必要なモノを同時に見つける必要はなく，一旦，他のどれとでも交換できるモノ（貨幣）に交換しておくことで，生産と消費との時間的なズレの問題を克服し，また，性質の違うもの同士の価値が，一旦貨幣という量的な関係に還元されることで，交換の等価性が形式的に分かりやすくなった。価値を貯蔵し次の機会の支出に利用できるという意味で，貨幣は，時間的に交換可能性をプールする「媒介物」であるといえる。

商人を介しての交換

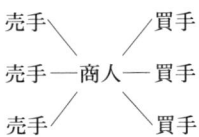

　商人は，売手と買手の時間的場所的広がりや隔たり（懸隔）をプールし，交換を促進する役割を果たすことで分業を一層促進した。しかも，商人は，自ら商品を仕入れることでそれを行うから，売れないかもしれないというリスクを負うことで交換可能性を引き受けるのである。いわば，こうしたリスクのプールにより，交換可能性を高めるのである。

　こうして交換の範囲は，貨幣と商人によって広がった。各地域の「市」は小売市場として，地域の人々の毎日の生活に必要な物資の流通を担ったし，各地の市と市とを結ぶ商人が卸機能を果たし，遠隔地の商品をもたらした。また，遠隔地や近隣，周辺の生産物を持ち寄ったちょっと大がかりな市（大市）が定期的に開かれるようになった。こうしてマッチングのプロセスは，地理的にも時間的にも広がり，分業が一層進んでいった。

　流通はこうして生まれた。流通は，地理的広がりと分業と，消費と生産の分離の産物であり，離れてしまった交換が成立（すなわちマッチング）するには何が必要かを巡って生成発展してきた，生産者から消費者への財およびサービスの流れである。そして，この流れを中心的に担ったのが商人であった。

　流通には，生産者や商人間の取引の流れ（商流）や物の流れ（物的流通），市場では何が求められているかといった情報の流れ（情報流）が含まれ，それらを商人が担うことで，歴史上「市場（いちば）」が果たしてきたマッチングの役割を果たしている。上記 3 つの図の同型性に注目しておこう。その中心にある市や貨幣が果たした役割を，流通において商人がはたしたのであった。

2 流通を巡る商人の役割

2.1 交換当事者の懸隔（ギャップ，隔たり）と商人の役割

　生産者と消費者が場所的に隔たっていること，生産の時点と消費の時点がズレていること，生産者と消費者の求める情報がズレていること，生産量と消費量とがズレていること，生産者が提供し消費者が求める質に食い違いがあること，こうした一連のズレ（懸隔）を埋めることを通じて，商業（者）は，市場流通によるマッチングに重要な役割を果たしてきた。

　商人は，次のように流通機能を果たすことで流通における懸隔を埋める重要な役割を果している。

　あらためてまとめておこう。

2.1.1 取引数節約効果

　市場に交換当事者が一堂に会することによって取引回数が著しく減少したように，商人は，自分の手元に商品を取り揃え（集め分類する）ことで交換が個別的に行われなくてもいいようにする。交換当事者たちが個別に探している相手が見つかるかどうか，見つかってもうまく交換にまで至れるかどうかという一連のリスクを，商人は，自分の手元にさまざまな商品を自らのリスク負担によって取り揃えることで，交換当事者たちのリスクを引き受け，取引の回数を節約する。交換当事者が個別に交換相手を見つけるのではなく，商人の所へ行けば，求めるものを手に入れることができるからである。ここで自らリスクを負担するということは，自分で使うのではなく再販売のために購入し品揃えするということである。

2.1.2 情報縮約効果：不確実性プール

　商人は自らの責任においていろいろな商品を手元に取り揃え販売するわけであるが，そのためには，市場のニーズを把握しなければならないし，それに見合ったものを見つけ取り揃えなければならない。また，それを生産者に伝えよりニーズにあったものを作ってもらうようにもしなければならない。生産者と

消費者が持つこうしたマッチングに際しての不確実性を，自らの責任で集約し調整するという役割を果たす。

2.1.3 販売の社会性

生産者は，みずからの製品を売るという個別的な目的の下に流通に関わるが，商人は，そうした個別性を束ね，それらを超えて消費者とのマッチングのための品揃えをする。このように，個別の利害に関わらないという意味で，商人の販売は社会性を備えていると言われる。それが，商人が経済の中に存在する最も重要な存在理由であると言われている（商人の存立根拠）のである。

2.2 流通を巡る主導権の争い

商人の役割について述べる際に，「自らの責任で」と言うように商人の独立性を強調する表現をとったが，そのことが意味する最も重要な商人の特性は，生産者からの独立性である。

これまでの経済の歴史は，ある意味でマッチングのプロセスにおける商人と生産者との主導権争いの歴史でもあった。

19世紀までは，長い間商業者が流通さらには生産を支配する時代であった。問屋制手工業と呼ばれている時代には，問屋（卸）が手工業者（生産者）に造るものを指示したり，買い取りまでの間の資金援助（金融機能）をしたり，買い取ったものを輸送したり（輸送機能）といった生産から販売までに関わる諸活動を仕切っていた。

やがて，産業革命以降，万国博覧会の開催などを通じて国の産業振興が行われ生産者が力をつけていった。

万国博覧会の延長線上に百貨店などの大規模小売業が生まれ，鉄道網や通信網の整備は，シアーズなどの通信販売という新しい業態も生んだ。それと同時に，すでに述べたような生産者の成長によって，メーカーのマーケティング活動による流通の支配が展開していった。

卸は，メーカーと小売のいずれからも排除される（「中間商人排除」）傾向をこの頃から強めていくとともに，大手メーカーと大手小売業による流通の主導

権争いが続いていくことになった。

　需要と供給をだれがよりよくマッチングさせるか，それを巡る争いである。

　生産者の力が優位な時代には，生産者は自らの販売の個別性を貫くために流通段階を系列化し，商業者を自らの利害のために働かせようとする。商業者の社会性の侵害である。生産者による中間商人（卸売業者）排除は，商業者の社会性そのものを不要にしようとする行為であり，この「販売の社会性」と「販売の個別性」のせめぎ合いを見ることによって，流通が現在どのような状況になっているかが理解できる。

　こうした卸売業者排除は，今日では大規模小売商の側からも起こっており，流通の「中抜き」といった表現がとられている。

　商人の社会性は，生産者の個別性に左右されない品揃形成にある。リスクを負ってみずから主体的に集めた品揃を提供する。そのことが，流通過程の中で市場の役割を担いマッチングを促進する社会的な役割を担うからである。

　今日の商業者は，株式会社セブン＆アイ・ホールディングスのセブンプレミアムやイオンのトップバリューのように，プライベート・ブランド（ＰＢ）を企画することによって自ら生産にまで関わり品揃え形成を行っている。

　流通は，売手から買手へのものの流れである。経済学では，売手買手間のこの流通の問題を直接には対象としないが，実際には，作った者と買手との間には，それを運ぶ者，取りそろえる者，販売する者，要するに，メーカー，卸，小売，物流業者，金融業者，などなど，需要と供給をマッチングさせて取引を成立させるために，それぞれの役割を果たしている主体が多くかかわっている。したがって，商業者の社会経済的役割を明らかにすることは流通のメカニズムを明らかにすることであり，市場の需給調整メカニズムそのものを明らかにすることでもある。流通および商業への注目は，市場の「見えざる手」（アダム・スミス）の解明であるとも言えるのである。

　商人は，売手買手の時間的・空間的懸隔を埋めることを自らの目的（ないし存在理由）として市場に登場してきたのであり，市場のメカニズムを機能させるための社会的分業として，流通を積極的に担うものとして歴史的に登場して

きた。

　要するに，流通を明らかにすることは市場メカニズムを明らかにすることに他ならないのである。

3　マッチングの二つの方法

3.1　流通を明らかにする研究：マクロとミクロのマーケティング

　当然，このプロセス全体を明らかにしようという研究もあれば，個々の主体が果たしている役割を明らかにしようという研究方向もある。アメリカにおいては，こうした流通の問題を商品別に見ていったり（商品別研究），そうした役割を担っている機関（卸や小売）ごとに研究したり（機関別研究），そもそもどのような役割を果たす機能がかかわっているのかを研究する（機能的研究）というかたちで研究が進んだ。したがって，初めの頃は，流通（ディストリビューション）とかマーチャンダイジング（品揃え）といった言葉が多く使われていた。やがて，「マーケティング」という言葉を初めて今日的な意味で使ったA.W.ショウの，"Some Problems in Market Distribution" という本が1912年に発表されたが，ここでもやはり，市場流通（Market Distribution）というとらえ方を前提とし，そこに，現代のアメリカ・マーケティングの考え方の原型となる，メーカーによるマッチング活動のあり方が示されたのである。

　日本では，流通全体のマッチングを研究対象とする方向と，個別の企業，特にメーカーを中心としたマッチングの研究方向とを，前者をマクロ・マーケティング，後者をミクロ・マーケティングと呼んできた。

　マクロ・マーケティングは，日本における流通論や商業経済論といった学問の流れを汲みながら，流通全体のメカニズムを明らかにしようとしており，アメリカでもマクロ・マーケティングという分野が成立しているが，ここには，歴史などのミクロ・マーケティングがカバーしないような領域に対する研究が含められている。

3.2 マッチングの二つの方法

これまで述べてきたことから分かるように，マッチングには，実は二つのあり方がある。一つは，すでにどこかに存在するモノを何らかの基準で取りそろえ，分類し，組み合わせて提供するという方向でのマッチングであり，もう一つは，文字通り買い手が求めるモノを造ることよるマッチングである。

後者がマッチングにおける必要条件であるとすれば，前者は十分条件である。そもそも商品が存在しなければ話は始まらない。

従来，前者の方法が商業者のとるマッチングの方法であり，マーチャンダイジング（品揃えのための仕入政策）と呼ばれてきた。後者は，一般には生産者のとる方法である。しかし，今日では，どちらがどうとは必ずしも言い切れなくなってきている。商人が生産にまで関わることでマッチングのプロセスを一層促進するという側面が顕著になってきた。たとえば，イオンやセブン・アンド・アイなどの大手小売企業は沢山のプライベート・ブランド（PB：流通業者自身によるブランド）を持っており，自ら生産に関わっている。また，セブン・イレブンなどは，店頭で得られたPOS（販売時点販売管理）データで得られた客の好みの動向によって，PBを造ったり，メーカーに新商品の提案を行ったりしている。

仕入を通じてマッチングを実現するという小売業の役割については，たとえば，若い人にとって身近な存在であるセレクト・ショップを思い浮かべてもらえれば理解しやすいだろう。自ら製造にまで関わるという方法については，ユニクロやGAPといったSPA（Specialty Store Retailers of Private Label Apparel：PBのアパレルを売る専門小売店）という業態が，これまた身近であろう。また，このように小売業が造ることにまで関わるようになってきていることから，単に仕入についてだけでなく，企画し造ることまでを含めてマーチャンダイジング（MD）と呼ぶようになってきている。ヨーカ堂では，納入先のメーカーと購買担当者とが共同して商品企画，生産計画などを立てており，このようにチームで行うことから，これを「チームMD」と呼んでいる。

かつては，すでに「在る」モノを取りそろえる商業者の役割と生産者との役

割は一種の棲み分けのような関係が成立していたが，現在では，消費者が求めているモノとのマッチングに当たって，「在る」モノを集めてくるだけでなく「造る」ことまでも，当然のこととして商業者が関わるようになってきているのである。

3.3　商流　物流　情報流

マッチングは誰がやってもいい。

空間的時間的懸隔を埋める流通過程は市場におけるマッチングのプロセスであり，このマッチングのプロセスにはさまざまな活動が含まれている。それらの活動は，先に見たように，商流，物流，情報流として分類整理することができ，これらのどの部分をどれだけ誰が担当するかは，流通過程に関わる主体の意思次第で決まってくる。

物流は文字通りモノの流れであり，情報流は，市場の動きに関する情報の流れであり，商流は，取引の流れである。メーカーから卸・小売へと取引が続くと共にモノの移動も行われ，合わせて取引に伴って市場の情報も，小売から卸，メーカーへと流れていくといった具合に，これら3つの流れは，従来一緒に流れていた。しかし，現在では，小売段階の取引にもとづいて卸やメーカーから直接消費者にモノが移動したり，それぞれの取引の決済が銀行やクレジット会社を通じて行われたりと，別々に流れが形成されている。また，それによって，それらを自由に組み合わせて多様なマッチング・ビジネスが生まれている。

ヤマトや佐川急便は物流業者であるが，「イー・コレクト」などの代金回収業務によって商流をも担当しているし，こうして構築された商・物・情報のシステムをセットにして，通信販売に必要とされるシステム（仕組みそのもの）を売るといったことも行っている。

本書で中心的に取り上げることになるのは，メーカーによるマーケティングである。しかしメーカー・マーケティングをその代表として取り上げるが，繰り返し述べるように，マッチングはメーカーだけが行うわけではなく，その意味では，小売業のマーケティング，卸売業のマーケティング，消費者のマーケ

ティングがあることを忘れてはならない。

　それだけではない。商流・物流・情報流といった流通機能の多様な組み合わせを考えるならば，さらに多様なビジネスがマッチング・プロセスに関わってくる可能性が継続する。BtoC（Business to Consumer：企業対消費者）のマッチング・プロセスが多様化していくだけでなく，今日ではオークションのようにCtoC（Consumer to Consumer：消費者対消費者）や，リバース（逆）・オークションのようにCtoB（Consumer to Business）という関係も生まれている。

　マッチングの仕方は変化してやまない。また，流通が生活に根ざしているからこそ，その重要さは計り知れない。さらに，市場経済の需給接合という要の部分を担っているからこそ，それを動かしているマーケティングはビジネス・イノベーションの宝庫であり続ける。

　だからマーケティングは面白いのである。

　以上のような市場メカニズムの解明は，マーケティング固有の学問課題である。

　流通を担う商人がやってきたことを，近代経済学は対象としてこなかった。

　「均衡の世界においては，売手は売りたいだけ売り，買手は買いたいだけ買うということができる。ここでは売る努力も買う努力もいらない。このような世界においては，商人はその固有の機能を失ってしまう。こうして均衡論が経済学から商人論や商業論を追放してしまったのである。」（塩沢，1990，p.43）

　商業者についての論議は，均衡論によってその対象から消し去られた。

　価格は，市場における需要と供給によって決まるというよりも，小売店が値をつけていることをわれわれは知っているし，メーカーが，どの位の価格にして欲しいか，小売店に示唆したりしていることも知っている。

　市場参加者による需給接合（マッチング）の努力があって初めて需要と供給は出会うのである。需要と供給の曲線は，それらが市場で出会うまでの間に何もなかったかのように交差する訳ではないのである。

参考文献

塩沢由典（1990）『市場の秩序学 —— 反均衡から複雑系へ』筑摩書房。

鈴木安昭・田村正紀（1980）『商業論』有斐閣。

第2講　小売流通とマッチング

> **キーワード**
>
> 小売，卸売，最終消費者，小売流通，小売サービス，業種，業態，百貨店，チェーンストア，スーパーマーケット，コンビニエンスストア，ネット通販

1　小売・小売業・小売サービス

1.1　小売，小売業，小売流通とは

　企業が商品を販売する行為は，小売（retail）と卸売（wholesale）に区別できる。商品を消費者，より厳密には最終消費者（ultimate consumer）を相手に販売するのが小売であり，消費者以外のさまざまな相手に販売する行為が卸売と呼ばれる。つまり小売と卸売は，買手が消費者か消費者以外かで区別されている。最終消費者は，文字通り最終的に，購入した商品（物財とサービス）を自分（あるいは家庭）の生活のために消費するのであって，一般的には再販売（購入した商品をそのまま，あるいは必要ならば量や組み合わせを調整して販売すること）したりはしない。それに対して，消費者以外つまり企業などは商品を生産活動や業務用あるいは再販売の目的で購入し，営利目的のためにさらにそれを加工したり再販売したりする。

　小売業（小売業者）は，消費者に直接販売する小売を主たる業務とする流通活動の担い手（流通機関）である。「小売を主たる業務とする」とは，たとえば，ホームセンターで工務店の職人や大工が業務用の建材や工具を購入したりするように，消費者以外に販売している（卸売している）小売業も少なくない

のだが，販売相手の大半が消費者である，という意味である。経済産業省が行う商業統計調査では「小売を主として行う事業所（商店）」が小売業として集計されるが，「主として」とは年間販売額の半分以上が消費者に対する販売であることを意味している。それには次がある。①個人用・家庭用消費者のために商品を販売する事業所。②産業用使用者に少量または少額に商品を販売する事業所（大量または多額に販売する事業所は卸売業）。③商品を小売し，かつ同種商品の修理を行う事業所（修理専業の事業所はサービス業に分類される）。④製造小売業（自店で製造した商品をその場所で個人または家庭用消費者に販売する事業所。たとえば菓子店，パン屋，弁当屋，豆腐屋など）。⑤ガソリンスタンド。⑥主として無店舗販売を行う事業所（訪問販売，通信・カタログ販売などの事務所）。（平成19年商業統計調査）

因みに，そば屋やすし屋あるいは食堂・レストランなどは店内で料理を作るので製造小売に似ているが，小売業には分類されず，飲食店の区分になる。そうしてみると，小売業とは消費者が商品を持ち帰ったり，自宅に送ったりする形で販売することを事業の主体にしている企業といえる（井本，p.36）。

小売業が担う小売活動の全体が小売流通である。小売流通は消費財の営利を目的とする流通経路の最終段階を構成し，消費者への財の保管や移転を担当している（矢作，p.173）。小売業（小売商）はこの小売流通の専門担当者といえる。専門担当者としての小売業が消費者に提供するサービスが小売サービスと呼ばれる。消費者が小売業から購入するのは商品であるが，実はそのとき消費者は小売業から小売サービスの提供を受けているのである。その点を次にみてみよう。

1．2　小売サービスとは

小売サービスを具体的に説明する前に，私たちの買い物の場面を分析してみよう。私たちが小売店で商品を購入するとき商品と引き換えに代金を支払うが，実は代金だけではなく買い物のために種々のコストを支払っている。買い物コストには，①小売店までの交通費，②情報収集，移動，買い物に使った時間

（買い物以外の目的に使うこともできた），③情報収集，移動，買い物，商品の運搬などに伴う肉体的疲労，④混雑する外出の気疲れや商品選択が難しい場合の気苦労などの心理的疲労，などを上げることができる（鈴木，p.138）。

　小売業は販売する商品そのものだけではなく，消費者の買い物コスト軽減の側面も考慮する必要があり，それらが提供する小売サービスの水準や価値と関係する。主な小売サービスには次がある（鈴木，pp.138-139）。①品揃え：商品の品揃えは小売業の基本的な機能である。専門店にしろ，コンビニや総合スーパーにしろ，消費者のニーズに応え，さらに消費者の生活をより豊かにするような商品の品揃えを図っていく。②情報の開示と提供：消費者が商品を選択するにあたって必要な情報，有益な情報を積極的に知らせる。③立地と営業時間：消費者の生活条件，購入する商品の性質からみて，便利で好ましい場所，便利な時間に購入できること。④店舗などの物的施設：安全・快適に買い物ができる施設であること。⑤付帯サービス：代金の支払い，包装，配達，直し，返品，修理など，商品の性質と消費者の状態に応じたサービスが提供されること。⑥価格：①～⑤のような商品とそれに付加される小売サービスに対比して，価格が適切であること。

　小売流通（および小売業・小売）は，さまざまな状態にある消費者と最も適正な小売サービスのマッチングを図ることが役割（はたらき・機能）である。

2　小売業の業態と業態革新

2.1　業種と業態

　身近にあるさまざまな小売業の姿を「業種」と「業態」で考察してみよう。

　業種とは「事業種目」とか「営業種目」が省略された用語であるといわれ，酒屋，肉屋，本屋，惣菜屋，菓子屋，雑貨屋などと昔から「○○屋」で表される小売店の分類方法である。頭に品種名が付いているので「商品が主語の小売業」ということもできる（石原，p.74）。伝統的な商店街はこのような業種店が多数集まった商業集積である。その点では商店街全体で消費者に「ワンストッ

プ・ショッピング」の便宜を提供しているのだが、最近では商店街が全国的に衰退の厳しい状況に直面している。理由は、駐車場スペースの不足などもあるが、それぞれ独立経営の業種店の品揃え、品質、価格、サービスに格差があったり、商品ベースの縦割りの仕入に安住していて商品調達がマンネリ化していたりで、全体として消費者のニーズに応えていなかったりしていて、買い物コストを高めてしまっていると思われる。

過去1世紀、業種店に代わって消費者の支持を得てきたのが、百貨店、総合スーパー、コンビニエンスストア、ショッピングセンター、ドラッグストア、ホームセンター、大型専門店、ネット通販などのさまざまな業態の小売業である。

業態とは「営業形態」の略ともいわれる。業態は、店舗、企業、企業間の3つの次元に関する意思決定によってさまざまとなる（鈴木，pp.161-162）。①店舗レベルでは、品揃え、立地、店舗規模、販売戦略など前述の小売サービスの諸要素を組み合わせて（小売サービス・ミックス）、対象とする顧客に向けた経営戦略によって多様な店舗形態が作られる。②企業レベルでは、単独店、複数店、チェーンストアなどの企業形態の選定がある。③企業間レベルでは、後述するボランタリー・チェーンやフランチャイズ・チェーン、ショッピングセンター、メーカー系列か否かといった異なる形態の企業間組織がある。

「なにを売るか」が業種店とすれば、「なにを、どのように売るか」が業態店であるといえるし、消費者視点でみれば、業種店では「欲しい商品が手に入るかどうか」が重要であるが、業態店ではそれに加えて、その時代で「買い物の場として便利かどうか」が非常に重要である。「商品が主語」の業種店に対して、業態店は「生活が主語の小売業」をめざす、ということができるかもしれない（石原，p.77）。

2.2 業態革新の歴史

社会経済の発展とともに、伝統的な零細小売業（業種店）の中から近代的小売業（新業態店）が生成・発展してきた歴史を百貨店とチェーンストアを中心

にみてみよう（田村，pp.207-221）。

　近代都市の発展は，人口の集中による大規模な消費市場や業種店の都心における商業集積をもたらす。こうした市場基盤を背景に，家族経営で生計維持を目的とした伝統的な零細業種店の中から，経営規模を積極的に拡大し，品揃えを工夫して成長をめざす企業家的な経営者が現れ，やがて大規模小売業が誕生してきた。表2－1は，主な小売新業態の誕生年と20世紀後半の日本における小売業態の動向の年表である。

2.2.1　百貨店（department store）

　経済が工業化の段階に入り，農村から都市への人口移動が活発化して大きな人口を抱える大都市が形成される。大都市における集中的な消費市場の出現によって誕生した最初の大規模小売業が百貨店である。時代で言えば，欧米で19世紀後半，日本で20世紀初頭である。

　百貨店の市場基盤は大都市の人口集中にある。拡大した商圏を市場機会として捉え，品揃えは単一業種を超えて次々に拡大した。すなわち衣料品や衣類の業種専門店が，家具，宝石，ガラス器などの新しい商品系列を追加して，それまでの業種間の分業を企業組織として内部化したのである。それによって，部門長の下で商品別に仕入・販売を管理（部門別管理）し，定価（正札）販売政策の導入によって価格政策や販売員管理を効率化した（従来の取引は価格を含む取引条件をめぐって個々に売手と買手が交渉する相対（あいたい）交渉であり，熟練した販売員を必要とした）。他にも，低いマージン・高い商品回転率による低価格政策，返品の自由などの革新的販売方法に加えて，都市化・工業化に伴って登場してきた新しい消費者を引きつけるための豪華な店舗建築や活発な広告活動も展開した。

　百貨店は，欧米や日本の大都市の中心部に巨大な店舗を構え，幅が広く奥行きも深い品揃えで消費者にワンストップ・ショッピングの便宜を提供する一方，膨大な商品群を部門別に管理する。百貨店という業態は，小売業界における飛び抜けた王者として長らく君臨してきた。

　第二次大戦後の日本でみると，都市圏への人口集中と高度経済成長を背景に，

大都市百貨店の成長（大型化，多店舗化，近郊や地方拠点都市への進出，経営の多角化など）や地方百貨店の発展がみられた。しかし，1973年の石油危機による低成長経済への変化，加えて，急成長してきた新業態の総合スーパー，家電，家具，書籍などの大型専門店（専門スーパー），駅ビルなどとの業態間競争の激化，耐久消費財の普及の一巡，百貨店同士の競合などによって，百貨店の成長は鈍化する。仕入れ先のメーカーや問屋への依存体質（「場所貸し業」，消化仕入，委託販売）も百貨店経営の弱みとなった。1980年代後半のバブル期を経て，1990年代のポスト・バブル期を迎えた頃には，販売額の縮小，保有資産価値の下落，売場効率の低下が続き，業績不振に陥る百貨店が続出した。不振店舗の閉鎖，大手百貨店の経営破綻，大手同士の合併による統合などが続く一方，勝ち残りを賭けた経営の体質改善，新規出店や増改築，専門店誘致，郊外ショッピングセンターへの出店，さらにはサービス商品や情報発信の「非物販」の充実，シニア層や家族客にも対象を拡大するなどと模索を続けている。

2.2.2 チェーンストア（chain store）

チェーンストアは，類似タイプの多数の店舗を本部が集中的・統合的に経営する企業である。現在では，総合スーパー，専門店，百貨店，コンビニなどさまざまの業態でチェーンストア方式（チェーンシステム）が採用されている。その登場は，欧米では百貨店とあまり変わらない19世紀後半から，日本では1910年代の出現といわれるが，日本での本格的展開は1960年代である。

チェーンストアは，小売業の企業化・大規模化において，百貨店システムの限界を打破する重要なビジネスモデル（経営システム）の発明であった。つまり，百貨店は人口規模の小さい中小都市や地方の小売市場では展開できなかったが，チェーンストアは小規模店舗の分散展開によって需要規模の小さい多くの地方市場も活動基盤とすることができたのである。

チェーンシステムは，①各店舗の仕入，品揃え，価格決定などの権限を本部に集中し，②各店舗の管理を徹底的に標準化するところに特質がある。それによってチェーンストアは，分散して立地する多数の店舗を1つの組織として経営するシステムを創り出した。各店舗は販売やサービス活動に専念し，チェー

ン本部は店舗管理，マーチャンダイジング戦略，経営指導などに特化するシステムといってもよい。

さらにいえば，多数店舗展開による大量販売と中央集中仕入・大量仕入により，仕入先のメーカー・卸売業に対する発言力や価格交渉力を高め，仕入における独自の品揃えと低コスト化を実現し，それをさらなる市場競争力の強化につなげる仕組みを生み出した。

チェーンストアのビジネスモデルには，上のような単一資本が多数店舗を直営で展開するレギュラー・チェーン（ＲＣ＝regular chain）だけではなく，フランチャイズ・チェーン（ＦＣ＝franchise chain）やボランタリー・チェーン（ＶＣ＝voluntary chain）がある。

ＦＣは，チェーン本部が商標の使用，商品供給，経営ノウハウなどを提供し，加盟小売店が店舗づくりに出資し，本部の指示によって活動するという契約を結ぶチェーンである。ＶＣは，卸売業者が本部機能を担い，中小小売店を加盟させ，大規模小売業への対抗手段として共同仕入などを行う。チェーンへの参加・脱退が自由であるのでこの名がある。

チェーンストアは，小売業が大規模化（規模の経済性を実現）するための最も基本的な経営システムであり，多様な店舗業態に適用されていて，日本ではＲＣ，ＦＣ，ＶＣを合わせると小売業の年間販売額シェアの約60％にもなる（2002年）（原田・他，p.217）。

2.2.3 その他の主要業態の生成・発展

近代小売業は，百貨店やチェーンストアの革新でスタートしたが，その他の主要な業態の生成と発展に簡単に触れておきたい。

①スーパーマーケット（ＳＭ＝super market）：セルフサービス方式を主体に，低い営業経費，低価格・高回転による大量販売などを特徴とする小売業態。1930年代のアメリカの不況期に，恒常的な過剰生産体制による需給ギャップに対応する小売業態として出現。食料品チェーンなどからの転換が進み，スーパーマーケット・チェーンとして急速に発展した。その後，この経営方式を耐久消費財に導入したのがディスカウントハウス（discount house）であり，さら

に衣料品なども品揃えし，チェーンストア化したのがディスカウントストア（discount store）と呼ばれる。品揃えを衣料品と住関連商品を中心に大量販売する総合大型スーパーは，GMS（general merchandise store）と呼ばれる。日本では1950年代に導入されたが，高度経済成長期を迎えて，店舗の大型化，取扱商品の拡大，チェーンストア方式の導入が同時に進展して，総合スーパー・チェーンへと発展する。

②コンビニエンス・ストア（CVS＝convenience store）：「コンビニ」は現在の私たちに最も身近な小売業態といえる。それもそのはず，便利な立地，長時間営業，食料品・雑貨品の最寄り品を中心とする品揃え，などの便宜性を提供している業態だからである。典型的な店舗のプロフィールは，売場面積100㎡，品揃え3,000品目，24時間営業・年中無休である。アメリカでの起源は1920年代と古いが，日本での本格的な導入は1970年代である。

CVSチェーンの革新性はなんだろうか。まずは店頭で，消費者の「必要なものを今すぐに欲しい」というニーズに対応する広くて浅い多種多様な品揃えと長時間営業である。次いで，在庫を可能な限り削減し，しかも品切れを起こさない商品供給システムの構築（物流および取引先関係の変革），商品の「売れ筋・死に筋」を的確に掴み迅速に対応するためのPOSシステム（販売時点情報管理システム）の導入・活用を行っている。さらに，立地や時間の便宜性をもつ店舗を情報ネットワーク・システムの端末とした情報・通信・金融サービスの提供や異業種・異業態との連携・融合などで総合的な生活サービスの拠点化に向けた革新を続けている。

③その他の業態動向：店舗・企業・企業間の関係で考えられる業態の創造は無限とも言える。ここでは最近活発な業態のいくつかを指摘する。身近なものも少なくないので是非実地に考察してほしい。

a. SPA（specialty store retailer of private label apparel）：「ユニクロ」が典型の「製造小売業」。
b. 100円ショップ：SPA型仕組みの小売業で，「ダイソー」が最大手。
c. カテゴリーキラー（category killer）：ディスカウントストアの一種で，

表2−1　欧米と日本の主な小売業態の発達年表

年	欧 米 と 日 本
1852	（百）ボン・マルシェ，パリで開店
1858	（百）メーシー，NYで開店
1872	（通）モンゴメリー・ウォード，カタログ通販開始
1899	（通）高島屋と三越，通信販売を開始
1904	（百）（株）三越呉服店，「百貨店宣言」（前身は越後屋呉服店1,611開業）
(1920s)	（チ）米でチェーンストアの普及本格化
1927	（コ）米サウスランド社，創業
1929	（VC）日本初のボランタリーチェーン結成
1930	（ス）M・カレン，セルフサービスの食料品店「キング・カレン」をNYで開店
(1930s)	（SC）米でショッピングセンター誕生，本格的普及は1950年代
1936	（ス）A&P，20店舗をSMに転換
1946	（コ）サウスランド社，店名を「セブン-イレブン」に。長時間営業・年中無休を本格化
1953	（ス）日本初のセルフ方式の紀ノ国屋，東京に開店
1954	（通）ムトウ，衣料品のカタログ通販開始
1957	（ス）主婦の店ダイエー，大阪に1号店開店
1962	（自）コカ・コーラ専用自動販売機登場
1963	（FC）ダスキン，不二家，フランチャイズチェーン展開開始
(1960s)	（ス）各地にスーパーマーケットが開設される
1969	（SC）初の本格的SC，玉川高島屋開店
1972	（ス）ダイエー，三越を抜き小売業売上1位に
1974	（コ）「セブン-イレブン」1号店，東京に開店
1981	（SC）大規模SC，ららぽーと開設
1982	（コ）セブン，POSシステム導入
1987	（コ）ファミリーマート1,000店，セブン3,000店達成
1993	（通）シアーズ，通販から撤退（1886開始）
1994	（コ）セブン，ヨーカ堂を抜き利益額小売業1位に
	（通）ネット通販，始まる。エプソン，PCの通販
1995	（コ）セブン，ファミリーマートなど既存店売上，前年割れ
2000	（通）セブンイレブン・ドットコム設立
2003	（百）ミレニアム・リテイリング発足（西武とそごうの持株会社）
2004	（ス）ダイエー，産業再生機構に支援要請
2007	（百）J・フロントリテイリング発足（大丸と松阪屋が経営統合）
	（ス）イオンとダイエー，資本・業務提携
2008	（百）三越伊勢丹ホールディングス発足（三越と伊勢丹の経営統合）
2010	（専）ヤマダ電機，三菱自動車の電機自動車の販売開始
2011	（3.11）流通機能のストップと回復努力，そして新しいマーケティングの活発な模索

（百）：百貨店，（通）：通信販売，（チ）：チェーンストア，（ス）：スーパーマーケット，（専）：専門店，（コ）：コンビニエンスストア，（VC）：ボランタリーチェーン，（自）：自動販売機，（FC）：フランチャイズチェーン，（SC）：ショッピングセンター
出所：参考文献リストなどから大江作成

「トイザらス」が有名。
d. 郊外型ショッピングセンター：郊外に計画的に作られる商業集積。「パワーセンター」や「アウトレット・モール」も仲間である。
e. 無店舗販売：通信販売，訪問販売，自動販売機販売などある。ネット販売は後述する。

3　ネット通販

3.1　ネット通販とは

　インターネットを通じて商品を購入した経験を持つ人も少なくないであろう。ネット通販（e-retail）はインターネット利用の普及にともない急速に発展している。ネット通販は，インターネット・ビジネスのBtoC（Business to Consumer）領域での電子商取引であり，インターネット通販，eリテイル，eショップ，オンライン・ショップ，電子小売業など，さまざまに呼ばれている。それはインターネットのショッピング・サイトを利用した商品やサービスの購入に代表される無店舗型の小売システムであり，新しいビジネスモデルである。

　それではネット通販システムの特質はどのようなものか。第一に，市場の飛躍的拡大をもたらした。かつてチェーンシステムが小売店舗の宿命的な立地制約（植物性）を立地分散化で打ち破ったが，無店舗型販売も立地制約を克服してきた業態である。なかでもネット通販は，パソコンや携帯情報端末の普及につれて対象市場，商圏はグローバルにまで拡大するといってよい。第二に，品揃えの幅を大きく改善した。店舗の場合，品揃えは売場面積の，カタログ通販の場合はカタログ枚数の制約があるが，ネット通販にはこのような制約はない。第三に，営業時間に制限がない。消費者は時間と場所を選ばず情報端末から容易にアクセス可能である。第四に，第一から第三までの特質の前提条件でもあるが，ネット通販における情報伝達・コミュニケーションは，大量の情報を，迅速に，楽しく，そして安いコストで提供できる。

これらの特質は,店舗型や他の無店舗型販売システムに比べて大きな長所であるが,同時に短所や課題ともつながっている。商圏や品揃えの拡大は,広がった商圏にきちんと届けることのできる物流活動が前提になるし,少量多品種のニーズに利益・コスト(特に物流)の面でも対応できる仕組みづくりが求められる(田村,2001,pp.313-323)。

3.2 ネット通販企業のタイプ

日経MJの「eショップ・通信販売調査」によると,通信販売の総合売上高トップはテレビ通販を主力とするメディア・ミックス戦略で急成長してきた「ジャパネットたかた」だが,この会社のネット通販は3割近くまで急成長している。ネット通販売上高でみると,1位,2位は,カタログ通販で通信販売をリードしてきた「千趣会」と「ニッセン」であるが,どちらもネット通販ルートでの販売ウエイトを高めている。ヨドバシカメラやビックカメラ,あるいはコンビニ各社など店頭販売を主力とする小売業各社も,別会社で運営するネット通販会社がネット通販売上高上位の会社である。このように,ネット通販の世界には,既存の小売業各社をはじめとして,さまざまなタイプの参入がみられるので,整理してみよう(原田・他,pp.206-209)。

タイプ分けの基準は,1つは,小売ビジネスの既存型か新規参入型かであり,もう1つは,リアルの世界での小売店舗保有の有無である(表2-2参照)。

①グループは,店舗を保有せずに,これまで小売ビジネスを展開してきた企業で,「千趣会」,「ニッセン」,「ジャパネットたかた」などの無店舗販売企業が典型である。

②グループは,小売業以外からネット通販へ新しく参入してきた企業で,ソニー・スタイルや三菱商事のローソン・ネットショッピングなどがある。

③グループは,これまで店頭販売してきた小売業であり,いわゆる「クリック&モルタル」で,店頭とネット通販の相互補完や相乗効果を狙っている。「ヨドバシ・ドット・コム」「ファミマ・ドット・コム」,「ユニクロオンラインストア」など多数ある。

表2-2　ネット通販企業のタイプ

	新規小売ビジネス	既存小売ビジネス
店舗なし	②メーカー系・卸売業（商社）系・サービス業系	①無店舗販売（カタログ通販，テレビ通販）・宅配業
	⑤ネット通販デベロッパー（モール専業系，ポータル系）
店舗あり	④ベンチャー小売業	③百貨店，総合スーパー，コンビニ，専門店，生協，他

出所：原田・他, p.207　一部変更。

　④グループは，「クリック＆モルタル」に新規に参入する企業で，ベンチャー型の小売業といえる。「クリック＆モルタル」は同じでも，③グループとは逆に店頭をネット通販の補完とするようなコンセプトもあるだろう。

　⑤グループは，ネット通販ではじめて登場したビジネスモデルで，多数のネット通販店舗をバーチャル・モールやポータルサイトに集積して，本格的な小売ビジネスの創造を狙っている。「楽天」や「ヤフー・ショッピング」などをあげることができる。

参考文献

鈴木安昭（1999）『新・流通と商業』（改訂版補訂），有斐閣。
田村正紀（2001）『流通原理』千倉書房。
田村正紀（2008）『業態の盛衰』千倉書房。
原田英生・向山雅夫・渡辺達朗（2010）『新版　ベーシック流通と商業』有斐閣。
石井淳蔵・向山雅夫編著（2009）『小売業の業態革新』中央経済社。
矢作敏行（1996）『現代流通』有斐閣。
三浦一郎・白珍尚編著（2010）『顧客の創造と流通』高菅出版。

井本省吾（2005）『流通のしくみ』日経文庫。
石原靖曠（2001）『なにが小売業をダメにした』日本経済新聞社。
日経ＭＪ編（2011）『日経ＭＪトレンド情報源（2012年版）』日本経済新聞社。
亜細亜大学経営学部マーケティング研究会『マーケティング入門』五絃舎，各版。

第3講　卸売流通とマッチング

> **キーワード**
>
> 中央卸売市場，　需給接合機能，　情報縮約機能，　輸送・配送機能，　金融機能，　危険負担機能，　機能代置，　問屋，　販売会社，　中抜き，　品揃え物，　サービス水準，　小売店頭主義，　ＰＯＳ（Point of Sale）システム，　ＥＤＩ，　リテール・サポート，　業際化

1　食料品の卸売市場

　まず，最も身近な生鮮食品の流通を見ることで，卸売段階の流通がどのような役割を持つものか，理解することにしよう。

　築地や大田市場は，卸売市場法に基づいて，地方公共団体が農林水産大臣の認可を受けて開設する東京都中央卸売市場であるが，これらの卸売市場を見学することで，具体的なイメージを持つことができるだろう。

　中央卸売市場では，野菜や果物，水産物，食肉などの生鮮食料品や花卉（かき）などが毎日取引されている。

　いろいろな地域で生産されたものが，生産者や産地仲買人である集荷業者によって，あるいは農業協同組合や漁業協同組合などの出荷団体によって卸売市場に集まってくる。そこで卸売業者によって並べられセリにかけられ，セリを通じて価格が形成される。

　セリは仲卸業者や市場開設者の許可を受けた小売業者や加工業者，地方卸売市場業者などの売買参加者によって行われる。参加者はあらかじめ下見をし，値段を競り合う。一番高い値段をつけたものがその品物を購入する。

こうして競り落とした品物を，仲卸業者は，市場内の店舗で仕分けし，小売商や飲食業者などの買出人に販売する。

こうして卸売市場を通じて，全国に拡がった生産物の「集荷」「分荷」，品物の「評価」と「価格の形成」が行われ，需給のマッチングが実現する。

このように生鮮食料品の場合には，産地仲買人，卸売業者，仲卸業者と，少なくとも3段階の卸過程があり，これにより小規模の地方卸売市場が加われば4段階になる。こうして，全国に（あるいは世界に）広がった多様な品物が集められ分類され，小売業者の手元に揃えられる。店頭でわれわれ消費者の需要とのマッチングを待つまでに，このような複数の中間業者（卸売業者）の働きが必要となっているのである。

今日では大手スーパーなどが，卸売市場を通さずに直接産地から買い付けたりしていることも付け加えておかなければならない。卸売という中間の段階を抜く取引が一般化してきているのである。

2 流通機能と卸売機関

2.1 流通機能

これまで多くの論者が，生産と消費，売手と買手の懸隔を結ぶ流通が果たす役割を，機能として分類してきた。そしてその多くを商人，特に卸売業者が果たしてきた。

①需給接合機能

取引回数を削減し，流通過程の中間に形成する品揃（アソートメント）を通じて売買を集中化し，その社会的性格によって需給をマッチングさせる。

②情報縮約機能

需要情報と供給情報とが卸売業者の下に集約され売買が調整される。

③輸送・配送機能

場所的時間的懸隔を埋めるために不可欠な機能である。

④在庫調整機能

需要と供給との時間的ズレを，在庫よって調整し，マッチングを促進する。これは不確実性プールの手段ともなっている。

⑤金融機能と危険負担機能

卸売業者が生産者から商品を買い取ることによって，売れ残りの可能性や価格変動によるリスクを負担する。また，掛け売りによって小売業者への信用供与（金融機能）を行い，実需（実際に売れる）に先行してメーカーに代金支払いをすることで営業金融機能を果たす。

このように，卸売業者は，流通機能を自らの責任において果たすことで，第1講で学んだ，「取引回数の節約」「不確実性プール」「時間的・空間的隔たりの克服」という重要な役割を果たしている。つまり，歴史上商人が担ってきた重要な役割を流通において果たしているのである。

2.2 卸売機関（卸売業者のタイプ）

卸売業者の他にも，メーカーの販売会社のように，上記のような卸売機能を担う主体（卸売機関）が存在している。また，卸売業者の中にも幾つかのタイプが存在している。「流通機能は排除できない」が，だれかがその一部や全部を代わりにやることで，流通は成立する。これを機能代置（substitutability of marketing functions：マーケティング機能の代替可能性）という（Bucklin, 1965）。

①問屋：先に挙げたすべての（卸売商業者が本来果たしてきた）機能を果たす者であり，「全機能卸」あるいは「総合機能卸」と呼ばれている。特に，自らの責任において商品を所有しリスク負担する点が本質的な特徴である。

次の②③は，商業者としての卸売機能の一部を担当していない者で「限定機能卸」と呼び，所有を伴う者と所有を伴わない者とがある。

②現金問屋（キャッシュ・アンド・キャリー卸売業者）：現金持ち帰り方式で，信用供与や配送という機能を省略している。

③ブローカー（仲立人）：商品の売買の斡旋をすることを仕事としており，

自らは商品を所有せず単に売買の仲立ちをし，売買成立時に手数料（コミッション）を受け取る仲介商業者。コミッション・マーチャント（手数料商人）とも呼ばれる。

④代理店（エージェント）：特定事業者と契約し，その事業者の商品やサービスを特定の地域において継続的に取り扱う商業者で，特約店とも呼ばれる。その中から，その事業者と資本関係を結び，次に述べる販売会社へ移行するケースがある。

⑤販売会社：メーカーが自社製品の販売のために作った卸売機関。松下や花王，コクヨといったそれぞれの業界においてフルラインで商品を提供できる大手企業は，自社製品のみによってアソートメントを提供できるため，卸売段階までを統合（所有）したり系列化（資本支配）したりすることで，自社のための販売という販売の個別性を貫こうとする。

⑥総合商社：貿易取引の割合が高い卸売業者。商品の所有を伴う問屋業務も，所有を伴わない仲介業務も行う。また，貿易を通じて世界中から商品を調達したり，ファーストフード・ビジネスのように，ビジネスの仕組みそのものを輸入して展開したり，商品調達能力をもとにコンビニエンス・ストア・チェーンを展開したりと，単なる卸売機能を超える働きを流通の中に占めている。

⑦チェーン本部：フランチャイズ・チェーンやボランタリー・チェーンの本部は，チェーン・メンバー店に対して卸売機能を果たしている。

このように，卸売機能のすべてあるいはある部分を，卸や卸ではないメーカーや小売業者が積極的に担っているという状況は，先に示した機能代置（機能を誰かが代替することができる）という考え方で理解することができる。

3 卸売概念と中抜き現象

卸売（wholesaling）は，小売（retailing）に対照した概念であって，小売を除いた全ての販売に対して用いられる用語である。概念としては，相対的にのみ規定される。卸売と小売との基本的な区別は，その販売の相手先がもつ購

買目的，つまり，さらに再販売するために購入するのか，最終的に消費するために購入するのかによって決まってくるのであって——まとめて売るか小分けで売るかといった一回あたりの販売数量の多少によるものではない（風呂，1975）。

このように，小売が，市場経済の一方の主体である消費者への販売という分かりやすいはっきりとした機能を果たすのに対し，卸売の機能（役割）は，小売との対比において，いわば消去法的に規定される。したがって，卸売を担う主体（誰が卸売を行うのか）の規定についても，特定できない（風呂，1975）。つまり，どのような主体であっても卸売機能にかかわることができる（機能を代置できる）ということを意味している。生産者であれ，小売業者であれ，さらには，個人であれ卸売業に携わることができるのである。

しかしまた，卸売業者も，卸売だけでなく，小売にも生産にも携わることができる。このような各主体による他機能への相互介入は，これまでも，また，現在も活発に行われ流通過程をダイナミックなものにしている。たとえば，赤ちゃん本舗やコストコなどは，ホールセール・クラブ（卸売クラブ）として，個々の消費者を会員とすることで事実上の小売を行っている。ただし，現在赤ちゃん本舗は，自らの業態を会員制SPA（製造小売業）と言っている。またコストコ（コストコホールセール）は，自らの業態を会員制倉庫型店舗と位置づけ，法人会員と個人会員とから構成されている。商品は卸価格で提供されている。

このように，市場経済における流通過程全体の役割の中で理解すれば，条件さえ整えば，卸売商業者と生産者，小売業者が相互に代替可能であり，卸売業者が卸売流通から排除されるということが起こりうる。歴史の中で何回も「中間商人排除」の動きや，IT（情報技術）の進展によるいわゆる「中抜き」の現象が起こったのもそのためである。「卸売の主体が定義上特定できないということの経済的意味の一つもここにある」（風呂，1975，p.232）。

こうして，流通過程は，メーカー，卸，小売，時には消費者をも含めて，流通機能を誰がどこまで何のために果たすか，によって，実に多様な変化を示すことになる。

売手と買手との交換は，両当事者の時間的場所的懸隔のために簡単には成立せず，さまざまな中間の流通業者の関わりを必要とし，垂直的な分業を生み出していった。

流通は，流通に関わる各主体間の取引の流れ（商流），物の流れ（物的流通），情報の流れ（情報流）から構成される（第1講）。生鮮食品の卸売市場の流れに見たように，本来これら3つの要素は，取引の流れとともに同時的に流れていた。しかし，今日，これらは別々の機関——たとえば，金融機関や運送業者，情報システム——によって担われ，別々に流れている。特に情報システムの発達は，卸売業者が関わる卸売流通を大きく変えた。このことを検討することで，卸売流通とマッチングの本質を明らかにすることにしよう。とりわけ，なぜ「中抜き」と言われる卸売排除が生じるのかを考えてみたい。

4 IT（情報技術）が変える流通と卸売機能の本質

ここでは，小売の背後にある流通の仕組みの変化を見ることで，機能代置という概念を，実感を持って理解しよう。ダイナミックに機能代置を可能にするのはITでありそれによる情報流の担い手の変化である。またさらに，物流の担い手の変化である。ITは商流をも変化させ，流通を変化させてきた。したがって，流通における主人公は，当然のことながら卸売業者だけでなく，小売業者であり，メーカーであり，宅配業者であり，ITによって新しい機能の組み合わせや組み替え（代置）を行っている事業者たちである。

あらためて，私たちがどのように必要なモノを手に入れているのかという，マッチングの成立から見ていくことにしよう。

われわれがモノを買うのは，スーパーであったり百貨店であったりコンビニエンス・ストアであったりするわけであるが，実際のところ，こうした毎日の買物という行為を通じて，「市場」に，消費者という市場経済における一方の主役としてかかわっている。

生活を営むにあたって「必要なモノを買ってくる」という行為に依存せざ

をえないわたしたち消費者は，必要なモノ欲しいモノが，好きな時に欲しいだけ手に入ることをどこかで願っている。「こんなものはどうだろうか」といった企業からの提案も含めて，自分が望んでいたものを具体的なカタチとして知りたいとも思っている。そのためにわたしたち消費者は，あっちの店こっちの店と，欲しいものを求めて探し歩く。こうした探索が簡単に済めば，……つまり，必要なもの欲しいものを，しかるべき店で簡単に見つけることができるならば……これほど有り難いことはない。こうしてわたしたちは，近くの小売店やコンビニエンス・ストアを覗いたり，ちょっと離れたスーパーやショッピング・センターへと出かけていく。なぜコンビニエンス・ストアであったりショッピング・センターなのか。

　他方，小売業者達は，一定の商品を揃えてわたしたちの来店を待っている。わたしたちの目に留まるのは，そうした一定の意図や方針をもって店頭に揃えられた全体としての「品揃（assortment）」（「品揃え物」とも「アソートメント」とも呼ばれている）であったり店構えであったり店の雰囲気であったりするわけであるが，そうした外観の背後には，わたしたちには直接見えることのない，生産者から小売業者へと至る「流通」の過程が横たわっている。

　すでに見たように，生産者，卸売業者，小売業者が，消費者に買物してもらうことを最終の目標として，それぞれ流通過程にかかわっている。そして，消費者もまた，自分の欲しいものを求めて，買い回ったり買い控えたり買い置きしたりすることで，流通過程にかかわっており，それによって生産から消費に至る流通の過程を完成させている。

　最終消費者が買物に割く時間や努力が少なく（つまり，消費者の行う流通活動のウェイトが少なく），また得られる満足の度合いが高ければ，消費者が購入する時点での流通全体が提供する「サービス水準（流通サービス水準）」が高かったと理解することができる。

　このようにように，消費者自身もかかわるものとして流通過程全体を理解すると，消費者がモノを最終的に貨幣と交換する場が小売段階であることがよくわかるであろう。長い道のりを経ようと短い道のりであろうと，結局はその時

点で，「売手（生産者および流通業者からなる流通の全体）」と「買手（消費者）」との交換が成立するのであり，小売店頭は，まさにそうした交換の現場なのである。別の言い方をすれば，その製品の市場が全体としてどのように形成されているか，つまり，どのような流通過程になっているかということが，小売店頭に圧縮されたかたちで表現されるということができる。

　たとえば，消費者の手による生協運動は既存の流通過程における交換不成立の一つの結果であり，流通過程に位置を占める既存の流通機関によって提供される流通サービス水準に，必ずしも消費者が100％満足しているわけではないことを示唆している。もっと「健康によい製品」「より環境にやさしい製品」が欲しいが，そのような製品を小売店で見つけることができないといったような場合，消費者自らがそのような製品を求めて生産者を動かし作ってもらう。そういう行為を通じて，積極的に交換を組織し流通に参加するのである。

　いずれにしろ，小売段階の背後にどのような流通のプロセスが横たわっていようとも，また，そのプロセスの中で，生産者や卸売業者，小売業者，あるいはその他の機関を含めての三つ巴四つ巴の主導権争いがあろうとも，消費者が結果として向かい合うのは，そうした過程や競争の最終結果としての小売店頭でのアソートメントと価格なのだということなのである。

　言うなれば，消費者との交換のまさにその瞬間に，流通過程にかかわるさまざまな企業によるそれまでの努力のすべてが圧縮されて表現され評価されるのだということを理解しておく必要があるだろう。交換の瞬間にそこに至るすべての努力が縮約表現されるのである。たとえば，コンビニエンス・ストアに並んでいる約3,500アイテムの商品は，チェーン本部が中心となった製・配・販の協働（サプライチェーン）によって実現されているのである。

　小売店頭というインターフェイスを通じて背後の製配販の協働からなる流通過程は，われわれが買物を通じて，背後の流通過程へと送り返す（「何が欲しいのか」「何を気に入ったか」に関する）情報をキャッチして，ふたたびより良いマッチングに向けた活動に活用されるのである。

　「売手」は，そうした情報をPOSシステムでキャッチしている。小売店頭

を起点に構築される情報技術（IT：Information Technology）は，流通過程の在り方全体を変えてしまう影響力を持っている。（今日ではコミュニケーションという双方向的情報のやりとりを加えて，ICT：Infomation and Communication Technology と言われることが多い）

4.1 POS システムによって何が可能になったか

　コンビニエンス・ストアなどでお馴染みのバーコードによるPOS（Point of Sale）システムは販売時点情報管理と呼ばれ，販売と同時に得られる単品ごとの販売情報をコンピュータに送り，品揃えや商品の補充（自動発注システム）に活用することで，売れたかも知れないのに仕入れていなかった，補充してなかったために売り逃した，といった「チャンス・ロス」を発生させないようにする，いわば小売業の総合情報システムである。

　POSシステムを利用した受発注方式は，その発注処理の正確化と迅速化をもたらし，販売時点と発注時点とのタイムラグを最小化しさらには同期化してしまう。EDI（Electronic Data Interchange）によって，たとえば，スーパーで幾つ売れたかのデータがメーカーの販売会社だけでなく同時に工場にまで流れて，追加生産をし適宜補充するといったシステムができあがっている（花王）。卸を飛び越した中抜き現象である。

　POS システムのメリットは，どの商品が売れていてどれが売れてないか（売れ筋／死に筋）の把握と，それによって品揃えを適正化できるという点である。「死に筋」商品を除去して「売れ筋」商品に力を入れることで，コンビニエンス・ストアなどは，限られた店舗スペースに，消費者のコンビニエンス・ニーズに対応して絞り込んだ品揃えを行うことが可能になった。またさらに，なぜ売れるのか，なぜ売れないのかを POSデータとは別に追求し，それを仮説として立てて（発注仮説の構築），その検証の手段としてPOSを使う。

　小売店頭で集められるPOSデータは，メーカーにとって貴重な新製品開発情報になる。イオンやセブンイレブンは，それぞれプライベートブランド商品を数多く出している。

市場情報獲得のためのITの活用は，メーカーにとっても競争の中で優位性を獲得するために大きな役割を占めるようになってきている。たとえば花王は，イオンなどの大手小売業者とEDIの仕組みを作ることで，市場情報を獲得し，生産計画に反映させ，迅速な製品補充を行っている。また，エコーシステムなどの消費者情報をキャッチする仕組みを製品開発に活用している。さらに，全国200を超える小売店をサーポート（リテール・サポート）することで，POSデータが入ってくるようになっている。

4.2　情報技術の発展とともに変わる流通 ── 卸売への影響

　情報技術の卸売業者にとっての影響はどうであろうか。

　POSシステムは，いろいろな生産者や流通業者を結びつけながら，やがて生産から販売までの一貫した流通システムへと増殖していく。

　生産から販売に至る個別の流通過程を流通経路とか流通チャネル（第10講）と呼ぶが，このようなチャネル・システムを中心的に動かす主体は，特にチャネル・キャプテンと呼ばれている。チャネル・キャプテンは，すでに述べたように，小売業者でも，メーカーでも卸売業者でも，あるいは消費者（生協）や宅配便などの物流業者がやっても構わない。重要なことは，何を目的としてそのような情報システムを構築するのかということである。今日のようにインターネットが普及した時代であればこそ，楽天のようにネット空間にバーチャルなショッピング・センターを作り，物流，商流をそれぞれ宅配便やコンビニ決済やカード決済などに委ねながら，リアルの世界では考えられない数の店を揃え，そうした店揃えを通じての膨大な品揃えを実現することができるのである。

　POSシステムというIT（情報技術）を流通過程に対して活用することによって，何が，求められているのであろうか。「何が」ということはそのまま「誰がシステムを構築するか」に関連してくるとともに，「何のために」についても考えることになる。

　もともと流通過程には，生産者，卸売商，小売商など複数の機関がかかわり，しかも，生産者→卸売商→小売商という順で，生産されたものが段階を追って

流通していくものとされてきた。しかも，これら各機関は，需要と供給がうまく接合するように，流通の各段階でそれぞれ固有の役割を果たすものとされてきた。

　ところが，POSシステムに代表される情報技術の進歩とその活用によって，近年，流通過程における機関同士の関係が大きく変化してきている。とくに，流通の中間に位置する卸売商は，メーカー，大規模小売商の双方から挟み撃ちに合うかたちで，その領分を大きく侵食され，流通に果たす役割を変えざるをえなくされてきているのが現実である。つまり，大手小売商は卸売商を飛び越して直接メーカーと結びつこうとしているし，メーカーもまたITを活用することで直接，市場からの情報を得ることができるようになってきている。メーカーと小売商の間に立って市場における需給調整を担当するという卸売商の流通に占める役割が低下してきているのである。

　その結果，従来果たしてきた機能のごく一部，たとえば物流機能だけに自らの役割を狭めてしまっている小規模卸も少なくない。卸売段階は，ここ何年かのうちでもずいぶんと変化の多かった流通過程といえよう。

　しかし，卸売業者の中にも，POSシステムの活用によってコンビニエンス・ストア・チェーン本部が提供しているのと同様のサポートを小売店に提供することで，流通過程における存在意義を示しているところも増えてきている。リテール・サポート（小売業者支援）業への転換である。各小売店との間にPOSシステムを構築して，それによって売れ筋／死に筋を把握し，小売店の仕入れの指導を行なったり，店頭の品揃えそのものを自社配送センターで編成して納入するという，セブンイレブン本部などがやっているのと同じサービスを提供している。こうして次第に，生産から最終販売（小売）にいたる流通チャネル全体が一つのシステムとして形成され，そのようなシステム同士が競争するという性格を持つようになってきた。たとえば，イオン・グループとセブン&アイが，ローソンとセブンイレブンが，といったように。それと同時に，これまでのメーカー，卸，小売という境界がはっきりしなくなってきた。

　セブン-イレブン・ジャパンなどのコンビニエンス・ストア・チェーンでは，

複数の卸売商やメーカーと協働して共同配送システムを実施しており，これによって多頻度少量配送が無理なく行なえるようになった。各コンビニエンス・ストアが売り物とする多様な品揃えを，在庫量を店頭のみに圧縮しながら実現し，同時に，弁当などのファーストフードのタイムリーな品揃えを可能にしている。加えて，一般には多頻度少量配送と同時に追求することはできないとされるコストの削減をも実現している。

　このような流通過程の変化は，「業際化」という言葉で表現されている。

　「業際化とは，これまで常識的に経済活動の基礎単位とされてきた「市場の」境界が揺らいで，産業間・業種間の垣根を越えた相互乗り入れが活発化し，新しい競合関係や協力関係が発生していること，……かつそこに，単独の企業では対応しきれない活動の領域が，新たに生まれている」ことであると定義されている（宮澤，1988）。メーカー，卸，小売という垂直的な関係によって形成されている多段階からなる「連鎖型市場（宮澤，1988）」（つまりは流通過程）が，情報化によって大きな変化を起こしているのである。

　流通における「業際化」の特徴を一言で表現するならば，消費者志向型チャネル・システムの構築であるということができる。それは，流通過程のいずれの主体であれ，消費者のニーズをできるだけ早くできるだけ正確に把握し，それを品揃えや製品開発に活かしたいということである。つまり，最終消費者のニーズを出発点として，それを満たすためのシステムを，生産から流通さらには消費のまさにその時点までをも含んで構築しようという考え方（コンセプト）に立っているのである。

　ニーズの把握が正確で迅速であるということは，事業活動に無駄が少なくなるということを意味する。無用な在庫を避けて，ニーズにもとづいた適正な量に保つことができるであろうし，新製品開発の失敗もそれだけ少なくすることができるであろう。また，既存製品の売れ行きを睨みながら，タイミング良い競争対応を行なっていくこともできるであろう。これが先に述べた「何のために」POSシステムを構築するのかということに対する一つの有力な答えになる。

歴史的に卸が果たしてきた役割は，このようにITによってその境界がぼやけ，機能代置の草刈り場になっているといえよう。

メーカーであれ卸であれ小売であれ，流通過程は，小売段階を消費者との窓口（インターフェース）として，その全体が考えられるようになっているし，また，そうした考え方は，ごく自然なかたちで取組まれている。とりわけ，市場情報の流通過程後方へのフィードバックを容易にした情報技術の発達によって，流通チャネルはますます一つのシステム単位として考えられるようになり，今やそうした生産から小売への流通過程そのものを競争単位とするシステム間競争になってきている。

もう一度繰り返すならば，市場を出発点として事業活動を考えるという「市場からの事業発想」という傾向は，ますます強くなってきている。情報化は，生産から販売へと至る多段階の経済活動において，水平的にも垂直的にも業際化，融業化を促しており，それによって新たに生まれる業態は，産業間の境界をますます分かりにくくし，市場競争をダイナミックなものにしている。卸売業者は，このような状況の中に置かれているのである。

参考文献

Bucklin, Louis P. (1965) "Postponement, Speculation and the Structure of Distribution Channels", *Journal of Marketing Research*, Feb., Vol. 2, No. 1, pp. 26-31.

風呂 勉 (1968)『マーケティングチャネル行動論』千倉書房。

宮澤健一 (1988)『業際化と情報化 —— 産業社会へのインパクト』有斐閣。

二瓶喜博 (2008)『製品戦略と製造戦略のダイナミックス』五絃舎。

徳永 豊 (1992)『アメリカの流通業の歴史に学ぶ』中央経済社。

矢作敏行 (1996)「現代流通 —— 理論とケースで学ぶ」有斐閣。

矢作敏行 (1993)「小売店頭主義と新たな分業関係」『RIRI流通産業』(March)。

第4講　情報と流通

> **キーワード**
>
> ICT, POS, EDI, SCM, クローズド, オープン, 製販同盟, 共同行動, 延期, 投機

　もう、250年も前だが、アダム・スミスの有名な言葉がある（ファイフィールド，1997，p.1）。

　「消費はすべての生産の唯一の結末であり目的である。そして生産者の利益は、それは消費者の利益の促進に必要である限りにおいてのみ、許されるべきものなのである。この格言はあまりに自明であって、そのことを証明しようとすることすら馬鹿げたことである。しかし、重商主義の世界においては、消費者の利益は殆ど絶えず生産者の利益によって犠牲を強いられている。そしてすべての産業と商業の究極的結末と目的は、消費ではなくて生産であるようにみえる。」

（アダム・スミス『国富論』，1776年）

　「生産」は「消費」のために行われるのである。このことを考えれば、両者を結びつける「流通」の存在意義・存在理由も浮かび上がる。

1 流通と情報の関係をみるポイント

1.1 わが国流通の歴史Ⅰ（1945〜1973年）

　話は随分と遡るが，第2次世界大戦後（1945年〜）の10年間，わが国は，まさに敗戦後経済からの復興という時期であり，都市部の焼け野原から，いかに日々の糧を求めて生きていったら良いかが問われた時代であり，このような混乱の中では，人々の生活水準をいかに引き上げるかが最重要課題であった。

　戦後の日本経済は，政府の方針もあり，製造部門の発展がまず重要視され，「とにかくモノをつくる」ということが重要であり，流通部門は国の政策上，「後回し」にされた。それ故，比較的発達した生産分野と，発達の遅れた流通分野との間では，機能上の齟齬が生じ，その齟齬をできるかぎり解消する結果となったのが，家電製品や化粧品業界で出現してきた「流通チャネルの系列化」という流れであった。

　優れた製品を，生産することができるようになったパナソニック（当時の松下電器産業）や資生堂は，自社製品を消費者のもとに確実に届ける思惑から，まず，流通の卸売段階，次に小売段階までをもコントロール（流通支配）することによって着々と地歩を固めていった。

　この流通チャネル系列化の動きは，1950年代を通して行われ，その間「もはや戦後ではない」（1958年）といった言葉に代表されるように，人々の生活は，その後の日本経済の高度成長に助けられる形で向上していくことになる。

　片や，遅れていた流通の分野でも1960年という時期から，いわゆるスーパー（後のGMS：総合量販店）が出現し始め，徐々にではあるが，生産段階とのハコウ現象が解消されそうな雲行きになってきた。生産段階での大量生産の受け皿として，スーパーが大量販売を行う，生産と小売りの間で，太く短いパイプができあがるはずだと主張したのが，1962年の林周二氏の「流通革命」論である。そして，この「太く短いパイプ」は「問屋無用論」を主張する根拠ともなった。

高度経済成長に支えられた1960年代は，1950年代に築かれた大規模メーカーによる流通チャネルの系列化と，台頭・発展しつつあるスーパーとのせめぎ合いの時代であり，大量生産，大量流通，大量消費を実現する手段としては，流通チャネルの系列化よりも大手スーパーによる販売が次第に力をつけつつあった時代であるいえる。

　それが1970年代に入るとだいぶ，様変わりを呈するようになる。発展する大手スーパーの全国展開は，地方各所で地元商店街との衝突を引き起こし，果ては1973年の大規模小売店舗法（2000年廃止）の制定をみるに至り，この法律によって，大手スーパーは全国各地への出店に困難を来すおそれが出てきたのである。

1.2　わが国流通の歴史Ⅱ（1973年～1985年）

　このような動きの中で生まれ，将来的に発展したのがコンビニエンスストアである。コンビニエンスストアという業態は，大規模小売店舗法の取り締まり対象とならない，小規模の店舗を全国展開するという試みである。代表的嚆矢は，セブン－イレブン1号店である。深夜型，都市部における一人住まいに代表される人々のライフスタイルの変化と，近隣出店・長時間営業という「便利さ」によって，スーパーのように安価ではないが，特に都市部においては，郊外型のスーパーが少なかった日本においては，その補完的役割をも果たしながら，徐々に我々の生活の中に浸透していった（米国の場合は，いわゆるスーパー・マーケットは郊外，コンビニエンスストアは都市部というように棲み分けがなされていた）。

　ここで強調したいことは，消費者への「便利さ」を追求したシステムの構築である。1970年代は，イトーヨーカ堂に代表されるスーパーの売上高の補完という意味合いが強かったが，「便利さ」を追求した定価販売であるのならば，欠品は致命的なことといえる。つまり，売れそうな商品が必ず店頭に存在していなければならないことになるだろう。

　そのために，開発されたものが，1980年代以降発展することになるPOS

(Point Of Sales：販売時点情報管理）システムである。当初は，バーコードリーダーでの読みとりによるレジ業務のスピード化，容易化を追求するものだけであったようだが，これを通じて「売れ筋」「死に筋」商品の区別が容易になり，消費者の求める商品の欠品率を大幅に減らすことができるようになったわけである。

　1970年代の2度のオイルショックを経た，1980年代は，消費の多様化・個性化が顕著にみられるようになり，以前にもまして，どのようなモノが，どのような時に，どのくらい売れるのかの予想が非常に困難になった時期であり，この時期でのPOSの活用は「渡りに舟」といった様相であったと言えよう。

　このPOSもその後，EOS（Electronic Ordering System）とかVAN(Value Added Network)の登場によって，さらに進化することになる。EOSは電子受発注システムと称されるが，POSでの売れ行きをみて，納入先（つまり，他社）に電子的に即座に注文を出し，納入先はただちに納品を行うことで，コンビニエンスストアやスーパーでの品切れを防ぐことにつながったのである。

1.3　わが国流通の歴史Ⅲ（1985～1995年およびそれ以降）

　ただ，当時，この受発注を異なる種類のコンピュータ間で行うことは難しかった。これを解決したのがVANである。付加価値通信網と称されるが，これは当時（1985年）の新NTTの回線を用いて，異なる機種のコンピュータ間でも受発注ができることを可能にした。

　このような情報通信技術（ICT）という『技術』面の出現と台頭は，1980年代後半から，大手のメーカーと大規模小売業者間は，何も卸売業者を通さなくても，通信回線を用いれば，容易に受発注が可能となったわけであり，情報流通面での卸売業者の存在意義はほとんど薄れてしまい，物流業務やリテールサポートに特化する卸売業者の出現を招来したわけである。

　この趨勢に，さらに追い打ちを掛けた『技術』がEDIであろう。電子データ交換と称されるが，ICTの進展により，商品の受発注ばかりでなく，様々な小売店頭でのデータがメーカーに直接送られ，新商品開発に役立つ，つまり，メー

カーは卸売業者を通さなくても，消費者のニーズを直接知ることができるようになったのである。

このような傾向は，その後，特に1990年代後半からのQR（Quick Response）やECR（Efficient Consumer Response），そしてSCM（Supply Chain Management）といった『コンセプト』の出現によって，さらに加速されることになる。QRはその名の通り，「速やかなる対応」であり，小売店頭での売れ筋商品あるいは将来売れ筋となりそうな，換言すれば，既存のあるいは潜在的な消費者ニーズを即座にキャッチし，即座に商品開発や製造に適用させるシステム・コンセプトである。

また，ECRは，効率的消費者対応と称されることからも分かるように，消費者ニーズへの対応を，「(イ)商品補充，(ロ)品揃え，(ハ)新商品導入，(ニ)販売促進」という4つの側面から，より効率的に行おうとするものであり，QRの拡大・充実版と捉えることができる。

そして，物流的側面からは，SCMが浸透することになる。SCMは，そのままサプライチェーン・マネジメント（供給連鎖管理）と呼ばれる。「モノの供給的側面（「物流」）の連鎖重要性」を強調したものである。市場への提供商品を，その商品製造のための原材料の段階にまで遡って，原材料の調達・運搬，部品の製造・加工・輸送，部品の組み立てを経ての完成品の顧客／消費者への輸送・配達までの流れを，無駄なく，首尾一貫させ，物的な側面から最大限の効率性を追求しようとする「供給連鎖」システムである。

まとめれば，こんなことが言えるのではないだろうか？
1980年代から展開される，POS，EOS，EDIに代表される時期（これを第Ⅰ期としよう）は，売れそうな商品の品切れをおこさないようにすることと，データのやりとりを通じて，願わくは，売れそうな商品を見つけだすことに重点があったと解釈されるが，1990年代後半からのQR，ECR，SCMに代表される時期（これを第Ⅱ期としよう）は，「スピード」が重視されるようになったとみることができる。顧客のニーズにいかに速く対応できるかが問われるようになったと解釈されよう。

このことは，見方を変えれば，「顧客ニーズへの対応」と「スピード」を実現できる，優れたパートナーであれば，今までの取引関係や商慣習に拘束されずに，新たな流通業務および物流業務を遂行できる者を探し求めることにつながるのではないかと予想される。換言すれば，今まで取引のなかった相手との接触，交流面が拡大し，必ずしも既存の流通システムに支配されない，新しい流通の世界の出現，流通の世界の広がりを示唆することになる。

渡辺ら（2008）は，この状況を，第Ⅰ期はクローズド型の流通システム，第Ⅱ期をオープン型の流通システムと呼び（渡辺ら，2008，pp.37-38），今後は，情報通信技術（ICT）のさらなる発展によって，ますますオープン型の流通システムが支配的となるのではないかと予測している。

さらに，渡辺ら（2008）は，現在，比較的新しいオープン型の流通システムを促進する，『技術』的かつ具体的な手段として，①インターネットEDI，②GDS（Global Data Synchronization），③電子タグ，といったものを挙げている（渡辺ら（2008），p.40）。読者も容易に推測できるように，①はインターネットを用いることによって，今まで面識のなかった者同士が，取引相手方になる可能性を現出するし，②は，地球規模的な大きさでデータを同期化，共有することによって，より適切，より安価な供給源，生産拠点の確保，より効率的な物流網の構築が実現され，そのことは，我々消費者にとっては，自己の欲する商品をより速く確実に入手できることを招来するであろう。つまり，それだけ生産と消費の現場が接近することになる。

そして，最後の③はRFID（Radio Frequency Identification）タグとも呼ばれることからも分かるように，直接触れる必要はないことは勿論，少し離れたところからも部品や商品に取り付けられたタグに埋め込まれたICチップ内の複雑な情報の送受信が可能であり，このことによって，物流面の効率化が格段に発展することが期待されている。

以上，ここで確認，強調されるべきは，第Ⅰ期と第Ⅱ期の本質的な中身の違いとされ，それは，しばしば，クローズド型からオープン型への移行・発展といわれる。したがって，現在は，オープン型への移行の進展によって，前講で

触れた情報の仲介，物流の担い手としての卸売業者／機関の存在意義が，ますます問われ，従来型の卸売業者が排斥された形で流通再編成が急激に進行している時期であると捉えられている。

蛇足ながら付言すれば，特に重要なキーワードに沿ってまとめてみると，「POS→EDI→ECR→SCM→インターネットEDI→GDS」という流れを読みとることができる。これは，現在も，POSが流通の世界の中心に位置していることを考慮すれば，「POS×EDI×ECR×SCM×インターネットEDI×GDS」という掛け算＝相乗作用的広がりを意味するわけであって，流通の世界における大きな広がりを示しているといえよう。

『顧客ニーズの充足』はマーケティングにとって最重要であり，P.コトラーは，1984年に「マーケティングとは，人間ニーズの充足である」といった類の有名な言葉を残している。より高いレベルの顧客ニーズの充足には，本講第3節で触れる，クローズド・インテグラル型からオープン・モジュラー型への流通世界の展開が模索される。それは，『情報』あるいは『情報流』，つまり「ICT」が，狭義に捉えれば，当然のことながら「今後の流通の世界」を，広義に捉えれば「今後の生産の世界」をも制し，はたまた，もう既に我々消費者の世界にまで影響を及ぼしていることを示している。

2　現代の流通システムとコミュニケーションの重要性

巷でよく耳にする，製販同盟（戦略的製販連携）やSCM（サプライ・チェーン・マネジメント）は，ICTのオープン化によって，急速に普及，発展してきた事業モデルあるいは事業コンセプトと考えることができる。
「クローズド」ではなく，「オープン」であるということは，情報のやり取りが，あるシステム内のみで行われるのではないこと，あるいはある1企業によって，情報のやり取りがコントロールされていないことを意味する。
このことは，本書第10講で触れる「（メーカーという）チャネル・キャプテンによる一方的管理」が成立しにくい現実を招来する。流通システムの構成員

間の（特に製販同盟は「対等」な）役割分担や「コミュニケーションの効率アップ」に基づいて，流通システム全体が再構築，再編成される可能性が高まるだろうし，流通システムの構成員は，それぞれが，自らのパワーアップをめざそうという行動にでる。

1つの具体的な現象として，オープン化の進展によって，メーカーと流通業者のそれぞれが自己の能力を最大限に発揮できるパートナーを選び，そのパートナーと「共同」で行動するという形態がさらに進展することが予想される。我々は，この「共同行動」を推進し，動機づけるものとして，ここでは「延期－投機の理論」を紹介したい（和田・恩蔵・三浦，p.248）。

2.1 延期－投機の理論

延期－投機の理論は，オルダーソン（W.Alderson）やバックリン（L.P. Bucklin）らによって提示された理論（渡辺，2004，p.56）で，延期と投機という2つの原理によって，流通（チャネル）システムの構成を説明する。

「延期」とは，製品の生産から消費に至る一連の流れの中で，製品形態の確定と在庫形成を消費現場に近い点まで引き延ばすことを意味し，反対に「投機」とは，消費現場から遠い点で前倒しして製品形態の確定と在庫形成を行うことを意味する。

簡単に言えば，どのような製品をどのくらい生産するかということを，早めに決定してしまう（投機）か，遅めに決定する（延期）かの違いである。消費段階というギリギリの時点まで決定を延ばした方が，消費者ニーズにより正確に近づくことが可能となろう。

図4-1　延期－投機の理論による生産・流通システムの決定

	（生　産）	（流　通）
（時　間）	受注／見込み	短サイクル／長サイクル
（空　間）	分散／集中	分散在庫／集中在庫

各セルは，延期／投機の2分法で表現されている。
出所：矢作（1994），p.68。

　上表は，延期－投機の理論に基づく生産・流通システムの代替案である。表に見られるように，延期か投機かという意思決定は，生産活動と流通活動という2領域について存在し，それぞれがまた時間と空間という2次元をもっており，合計4つの意思決定を行うことになる（和田・恩蔵・三浦，pp.248-250）。

　従来のメーカー主導型流通システムにおいては，投機の原理による流通チャネル・システムが支配的だったが，現在のように消費者ニーズやライフスタイルが多様化し，CS（顧客満足）が重視される状況の中では，意思決定を，できるかぎり消費の現場に近づける延期の原理の導入とその重視が重要である。

　このような延期型システムの具体例としては，前節でみたように，QR（クィック・レスポンス），ECR（効率的な消費者対応），SCM，あるいはDCM（ディマンド・チェーン・マネジメント）などを挙げることができる（渡辺（2004），p.58）が，延期の原理そのものは，メーカーや小売業がそれぞれ個別に導入してもなかなか成功するものではなく，前節の「POS×EDI×ECR×SCM×インターネットEDI×GDS」的効果から分かるように，流通チャネル・システム全体で取り組んではじめて効果を発揮する。つまり，流通システム内での（メーカーと流通業者との）「対立から協調へ」などといわれる取り組みへの重要性がクローズアップされることになる（和田・恩蔵・三浦，p.251）。

2.2　流通チャネル構築，リレーションシップ，そして「消費者中心」

　戦後のわが国経済の発展の中で，かなり長期間にわたって，流通チャネル・

システムのリーダーは消費財メーカーであったといえる。彼らの構築した大量生産・大量流通のシステムにおける流通チャネル戦略は，いかに効率的なチャネル運営を行うかという「チャネル管理」に重点が置かれていた。

その流れの中で，1960年代に台頭した大手スーパー（GMS）は，メーカーに対する「拮抗力」として流通チャネル・システム内のパワー構造を大きく変えたが，流通システム自体は依然としてメーカーの大量生産・大量流通の枠内にとどまっており，焦点はやはりメーカーによる「チャネル管理」にあったといえる。

ところが，近年の消費者行動の多様化とICT（情報通信技術）システムの飛躍的発展は，生産・流通システムに大きな変革を迫ることになる。上述の製販同盟やSCMのめざすゴールは，旧来のメーカーによる大量生産・大量流通システムを超えた，より「顧客ニーズ」に密着した新たな流通システムの構築にあると考えられ，そのような趨勢の中では，再び，（インターネット通販という新たなチャネルの登場も含めた）「チャネル選択」あるいは「チャネル構築」の問題が大きくクローズアップされることになった（和田・恩藏・三浦，p.253）。

中心に消費者がいる（すべては顧客から始まる）。それを取り巻くような形で複数の生産・流通システムが存在する。各システムは，いかに巧みに，いかに速く，いかに正確に，消費者ニーズを汲み取って，ニーズに対応した提供物を消費者に届けることができるかを競争する時代になっている。その際，延期の理論は優先されるべき論理であり，その理論の利益ある達成には，流通システム内メンバーの「協力」と「相互依存性」の存在が重要である。

ただし，この流通システムはかつての流通系列化に見られたような固定的なものにはならないだろう。今後の流通チャネル・システムは，より良い協力者，より良い相互依存関係を求めて，（流通チャネルの）選択 → 管理 → 選択（再構築）→ 管理 → 選択（再構築）→ ……を果てしなく繰り返していく可能性が強い。それを促進するものが，ICTシステムのオープン化という現象である。

第 4 講　情報と流通　61

　流通チャネル・システム内の各当事者は，消費者（顧客）ニーズを中心に据えて，そのニーズの実現に最も適した流通チャネル・システム構築のためのパートナーを，永遠と探し続けることになる。そのために，追求されることは，メーカー・流通業者・消費者間の良好なコミュニケーションの維持・発展であり，それが故に，流通チャネル・システムを考察する際，リレーションシップ（関係性）が非常に重要であるということになる。

　それでは，このような関係性・協調性が巧みに展開されている限り，われわれ消費者も含めて，すべての者がWIN－WINの関係になるだろうか。そうでない場合はどんなことが予測されるのだろうか（崔・石井編，pp.311-318）。

　現実には，先駆的とされたウォルマートとP&G間の製販同盟（戦略的製販連携）は必ずしもすべての事例で巧く行ったわけではなく，しばしば両者の思惑の衝突があったようである。

　そのような場合には，流通システム内における「力のバランス」の問題がクローズアップしてくる可能性がある。力の均衡が崩れれば，流通系列化という過去の遺産らしきものの再登場も考えられる。自動車産業のように，メーカーが強大で，ディーラーとの間で完璧な支配・従属関係をもっている，あるいは垂直統合しているケースも現実には存在しているように，どんなに大規模小売業が力を持っても，メーカー支配が崩れない業界が厳然として存在しているのである。

　しかし，重要なことはわれわれ消費者の存在であろう（すべては顧客から始まる）。どのようなメーカーの製品であっても，われわれ消費者がそれを購入しなくなったら，どんな大企業といえども，経営が成り立たなくなる。2010年に起こった，一時的なトヨタの世界的なつまずきは，米国の消費者の声がきっかけである（結局は，運転ミスであったとの結果になったが）。換言すれば，大企業といえども，その利益のすべては，われわれ「消費者のポケット」から出ている以外の何者でもない。

　とするならば，やはり，われわれ消費者に最も近い存在である事業体，換言すれば，消費者ニーズを的確に把握できる事業体が，流通システムのリーダー

シップを握るのが最も成功する確率が高いという推論が成り立つ。メーカーが直接的に消費者の声を収集できることもあるが、メーカーの本業は生産・製造であることを考えれば、流通チャネル・システム上、消費者に近い流通業者、つまり、小売業者が流通チャネル上のリーダーシップを握る可能性は、今後、さらに高い。

そのような意味で、垂直統合的モデル、流通系列化的モデル、大規模小売業PB支配型モデルといったいずれの事業モデルにおいても、消費者に近い存在である小売業者を中心とした製販同盟（戦略的製販連携）関係、あるいは流通システム・ネットワークモデルという、いわば「今後の基本型」が中心となるものと推察される。その端的な現れが、現代のSPA（アパレルの製造小売業）の存在・発展であるといっても良いだろう。

まとめれば、消費者を中心とした流通ネットワークモデルとは、消費者から企業への情報、そして企業から消費者への情報のやりとりが十分に機能してこそ、その役割が果たされる。その意味で、本講前半で述べた、ICT（情報通信技術）の果たすべき重要性は、将来ますます増大すること、言うまでもない。

2.3 流通システムのアーキテクチャ

最近巷間でよく聞く、「流通システム・アーキテクチャ」なるものに触れておこう。この概念は、流通システムを、本稿第1節で述べた、①クローズドか、オープンか以外に、②インテグラルか、モジュールか、という2つの軸で区分して捉えるものである。

既述したように、「クローズド」は、1企業システム内、あるいは1企業システムを中心に、製品／商品の調達、製造、販売が行われ、当該企業「外」との連携が消極的なもの、それに対して、「オープン」は、当該企業という枠組みを「越えて」、様々な企業との取引や連携を積極的におこなうことを意味する。

ここで、新出の「インテグラル」とは、英語で「全体の」という意味であるから、製品／商品の調達、製造、販売の全体を終始一貫して行うことを意味し、

「モジュール」とは，英語の意味はやや曖昧だが，「部分とか単位」を意味するので，製品／商品の調達，製造，販売の全体を終始一貫して行うのではなく，調達は調達，製造は製造，販売は販売と，部分，部分で区切る，いわゆる「餅は餅屋」的マインドを全面に押し出すことになると解釈できる。

図4－2

	クローズド	オープン
インテグラル	Ⅰ	Ⅱ（×）
モジュール	Ⅲ	Ⅳ

　上表をみれば，Ⅰは，典型的には製造・販売を一貫して行う垂直統合型企業である。Ⅱは，垂直統合型企業が，他企業・他システムともオープンに，技術提携や流通チャネル・システムの提携を積極的に行うことと理解できるが，これは現実的にはありえない形態とされている。

　Ⅲは，企業形態としては，外部とコンタクトをあまりとらない，限られた企業との取引や連携をおこなうものであり，その企業が製品／商品の調達，製造，販売の各プロセスを部分化，あるいは単位化を行って，各部分／単位は，それを得意とする企業に生産委託や販売委託を行うものであり，1企業システムによってコントロールされるが，「餅は餅屋的に」アウトソーシング（外部生産・販売委託）を経営の中心に置くものであり，ユニクロのようなSPA（アパレルの製造小売業）はその代表格といえるだろう。

　Ⅳは，製品／商品の調達，製造，販売の各プロセスの部分，あるいは単位を，「外部に積極的にオープン」にし，各プロセスに関して，他社より秀でている企業に当該課業，当該仕事を，より一層，委託する方式であり，良きパートナーを発見できれば，最もコスト・パフォーマンスが高い方式であり，「今後の生産・流通システムの主流」となると，考えられている。

　戦後の日本経済は，歴史的に，家電や化粧品にみられるⅠの形態（この場合は，「流通チャネルの系列化」という形の弱い統合）を主流に大いに発展した

が，その後は，すべてを抱え込むこと（つまり，生産・流通システムの統合化傾向）が，必ずしも，顧客ニーズの変化に対応できないし，このような（垂直的，あるいは統合的）システムをコントロールし，運営することは，このようなシステム構築と維持に頼らない企業あるいはシステムと比べれば，当然コストがかさみ，競争に勝てないことが明白となってきた。

そのような理由で，消去法的方法かもしれないが，コストを抑えて，顧客のニーズを充足させんとするⅣの方式に，我々は未来を託そうとしているようでもある。つまり，将来を見通したとき，本稿のテーマであるICTのより一層の進化・発展によって，今後は，Ⅳのオープン・モジュール型の流通システムが主流となる可能性が示唆されている。

《補足・確認》

『流通』とは，極めて一般的には，生産者から消費者への「モノの流れ」（モノが「流れ通る」ことを一般的な意味での「流通」，モノを「流し通す」ことを狭義の「マーケティング」であるという捉え方がある）を意味する。従って，ここでは極めて蛇足であるが，様々に使用される「モノの流れ」を意味する，「物流，ロジスティクス，およびサプライチェーン・マネジメント」という用語について，簡単に確認しておこう。

『物流』は，物的流通の略であり，その言葉が示すように，社会全体で，「モノの流れ」がどう行われているかに関するものである。日用雑貨品の物流が，アパレル商品の物流が，食品の物流が，あるいは何らかの商品の原材料の物流が，「社会全体」で，どのように行われているかに関係する。

これに対して，『ロジスティクス』は，軍事用語の兵站（＝戦場の後方で行われる，物資の調達や補給）をその起源とするが，マーケティング用語上は，社会全体ではなく，「1企業」（多くは製造企業）の個別的な物流活動を指す。つまり，原材料や部品の調達（調達物流とか呼ぶ）も含めて，工場内・生産工程内での物流（マテリアル・ハンドリングとか呼ぶ），完成品の物流（製品物流）から成るとされる。

最後の，近時，一般的になった『サプライチェーン・マネジメント』であるが，これは無理矢理日本語に訳せば，「供給連鎖管理（あるいは経営）」となることから分かるように，複数の企業が物資の「供給」（つまり，物流）上「連鎖」していることを意味する。原材料の調達から製造・加工，消費者への商品（完成品）の配達までの一連の物流を，「複数の企業」が効率的に協力（つまり，マネジメント）し，最小の物流コストで最大の消費者満足を追求しようとするものである。

参考文献

Fifield, Paul (1992), *Marketing Strategy*, Butterworth-Heinemann.（ポール・ファイフィールド，小山良訳（1997）『マーケティング戦略』白桃書房）。
石井淳蔵・廣田章光［編著］（2009）『1からのマーケティング（第3版）』中央経済社。
原田英生・向山雅夫・渡辺達朗（2010）『ベーシック 流通と商業［新版］：現実から学ぶ理論と仕組み』有斐閣アルマ。
矢作敏行（1994）『コンビニエンス・ストア・システムの革新性』日本経済新聞社。
渡辺達朗（2004）「マーケティング・チャネルのマネジメント」（小林哲・南知惠子編『流通・営業戦略−現代のマーケティング戦略③』有斐閣）。
渡辺達朗・原頼利・遠藤明子・田村晃二［編著］（2008）『流通論をつかむ』有斐閣。
和田充夫・恩蔵直人・三浦俊彦（2000）『マーケティング戦略［新版］』有斐閣アルマ。

第5講 マーケティングの世紀

> **キーワード**
>
> ビジネスの目的，顧客の創造，顧客志向，マーケティング・コンセプト，トータル・マネジメント，全体最適化，マーケティング近視眼，創造的側面

1 マーケティングの生成

1.1 時代的背景

　山中豊国（1993）によると，「社会科学の偉大な理論は，その歴史的背景を抜きには語れない」（マーケティング史研究会編，1993，p.62）。

　19世紀後半からアメリカで成立した近代的な株式会社制度は，様々なかつ大きな変化をもたらした。農業を中心とした経済産業構造では年に1～2度の収穫でしか収入が得られなかったが，株式会社の工場で働く労働者は日ごと月ごとに支払われる現金収入を得ることができた。農作物より交換のしやすい現金収入が定期的に得られたということは，量的にも質的にも国民所得を増大させたのである。換言すると，株式会社の成立という組織の変化とその経営管理手法が企業の生産性を大きく向上させたことはもちろん，労働と労働者，消費と文化，経済と社会を大きく変化させたのであった。

　さらに，1914年から第1次世界大戦が勃発したヨーロッパに多くの軍事物資を生産・輸出していたアメリカでは大幅な生産設備投資が行われ，生産拡大の一路をたどっていた。終戦の1918年まで，ヨーロッパでは4千万人以上の死傷者が出て「文明の終わり」とも言われる一方，アメリカでは軍事物資を中心とした工業製品の大量生産，所得増加，消費拡大が続き，1920年代には「永遠の

繁栄」を夢見る社会へと変わっていたのである。

　しかし，アメリカの繁栄を支えてきた戦時中の生産規模の拡大と合理化による生産性の向上が終戦後には生産過剰の経済と社会を招き，1929年からの世界大恐慌へとつながっていったのである。

　20世紀初頭のアメリカ企業の努力は生産規模の拡大と合理化による生産性の向上に向けられていた。これらによってコストの引き下げに成功すれば，低価格が実現され，激しい競争が繰り広げられる市場で勝ち残る可能性が高くなると考えられていたのである。また，多様なかつ無数に存在する流通と販売の過程を管理することに比較すると，工場内における生産過程を科学的に管理することは容易で，生産過程の科学的な管理法と製品原価の計算法の発展は，いずれもこの時期における努力の成果である。

　しかし，生産の拡大，合理化，その管理技法の近代化だけでは，生産と消費の社会的不均衡を増大させたため，流通問題に対する製造企業の取り組みが必要となった。急速に拡大する生産を吸収するには不十分であった卸売・小売に流通を委ねるのではなく，製造企業が直接流通の問題を解決しようとする市場流通過程への介入が始まり，マーケティングが登場するのである。また，このような流通過程における企業活動の変化と発展は，体系的なマーケティング理論の研究へと結びついていった。

1.2　ミクロ・マーケティング

　A.W.ショウは，近代科学が有する様々な知識（資産）が生産活動の組織化と改善に利用され，比較的効率の良い生産組織が確立しているが，その「生産の可能性が十分に利用されるためには，流通の問題が解決されなければならない。入手できる潜在的な財貨のために市場が見つけ出されなければならない」と主張した（1915, p.43.）。このように，企業の内部に存在する生産に注がれていた企業と経営学の関心を，企業の外部に存在する卸売・小売などの流通過程に向けさせ，さらに消費者のニーズや欲求の問題に取り組もうとする企業の積極的な行動を初めて体系化したA.W.ショウはマーケティング理論のパイオ

ニアであったと評価できる。

　R.S.バトラーは，中間商人を排除する傾向を指摘しつつ，個別企業の視点からチャネル選択論を展開，マーケティングには販売活動以外にも人的販売や広告の問題も含まれることを示唆，製品の販売レベルにおける計画と実践を超えたマーケティング全体における計画と実践を説いた。このように，製品と市場，そして製品を市場に到達させるための方法としての取引チャネルについての研究を行ったことは，4つのPを中心に構成される現代マーケティング理論の原型であったとも考えられる。またR.バーテルズは，「ある意味において，マーケティング・ミックスは，バトラーのいうマーケティングの根源的概念に含まれた諸要因の現代版である」と評価している（1993, p.346）。

　M.T.コープランドは，消費者をマーケティング活動の標的にするという点ではA.W.ショウとR.S.バトラーなどと共通する。ところが，マーケティング計画の策定において，自社の製品が最終消費を目的とするものなのか，生産を目的とするものなのかで製品を消費財と生産財に分類することの重要性を指摘した。さらに，消費財を消費者の購買習慣に基づいて便宜品（最寄品），買回品，専門品に分類，製造企業が特定の製品を販売する際，どのようなタイプのチャネルを選択するかを明らかにしている。このような消費者の購買習慣に基づいた消費財の「マーチャンダイジング」は，販売員，広告，ブランド，包装，在庫の回転，価格などを含む包括的で一貫した製品流通計画を策定，実践し，顧客との継続的安定関係または製品に対する消費者のロイヤルティを形成することを基本としている。

2　現代のマーケティング

2.1　時代的背景

　第2次世界大戦で世界は再び大きく変わっていた。戦場となっていた国々とその社会が大きく変化していたことはもちろん，アメリカでも経済的には再び膨大な富が蓄積され，国際政治的には強力な発言力が得られ，社会的には新た

なかつ優秀な労働力が得られた。そして商品が売り出されることを待っている巨大な世界マーケットが得られ，企業にとっては機会が満ちあふれていたのである。

このような背景から，企業内部の生産活動を管理し，合理化し，製品原価を計算することで利益を追求していた単なる販売活動を意味する初期のマーケティングから，マーケティングの関心は企業外部の市場流通に向けられ，消費者の購買習慣までもを含む包括的な製品流通計画へと発展してきた企業のマーケティング活動を一層体系化し，現代マーケティングが登場するようになる。

2.2 顧客志向のマーケティング・コンセプト

マーケティング生成期を代表するA.W.ショウ，R.S.バトラー，M.T.コープランドなどからみられるように，従来のマーケティングにおいても企業の関心は消費者・顧客に向けられていた。しかし，マーケティングは販売活動として理解されていた。製品開発するための研究開発，大量生産を実現するための工場建設と機械設備への投資，生産の過程で発生する人件費などの費用をかけて生産されてしまった製品を販売することがマーケティングであると理解されていた。すなわち，顧客が必要としているモノ，顧客が求めているモノ，顧客の価値，顧客にとっての価値を置き去りにして，既に生産された製品を一刻も早くキャッシュに換えたいという売り手のニーズを充足させるための販売活動がマーケティングであると理解されていたのである。

S.クレイナーが「経営の文献に最も良く引用され記憶されている文章」と表現する一文を紹介してみよう（2000，126頁）。

> ビジネスの目的は，それぞれの企業の外にある。事実，企業は社会の器官であり，その目的は社会にある。ビジネスの目的として有効な定義は一つしかない。すなわち，顧客の創造（to create a customer）である。市場は，神や自然や経済によって創造されるのではなく，企業によって創造される（Drucker, 1954, p.37）。

マネジメント理論の第一人者であると評価されるP.F.ドラッカーは，企業と

いう組織体が展開するビジネスの目的は顧客の創造であるとし，顧客をビジネスという企業活動の中心に据えた。さらに，社会が企業に様々な資源を託しているのも企業が顧客に価値ある財やサービスを供給しているゆえのことであると説明し，顧客の創造がビジネスの目的であると同時に，社会に対する企業の責任であるとしたのである。

　すなわち，顧客のみが社会経済的資源を富に変え，また単なるモノにすぎない製品を商品に変え，企業が成功するか否かを決められる。企業が何を生産するか，何を販売するか，何を生み出すかは重要ではない。顧客が購入する商品を通じて得る価値が何であるかが重要である。換言すると，企業が何であるか，企業が展開する事業が何であるかについての定義は企業自身によって決定されるのではない。その定義は顧客が決定するものである。企業の外部にある顧客の立場から自らの事業を眺めること，顧客という鏡にうつる自らを眺めること，そして顧客にとっての価値によって企業と企業が展開する事業の定義が決定されるのである。

　従って企業が自らの事業を定義づけるためには，顧客についての分析が必要となる。「われわれの顧客は誰か」「顧客はどこにいるか」「顧客にとって価値あるものは何か」「顧客はどこで買うか」「顧客は何を求めて製品を買うか」に答えるための努力とそのプロセスの中から企業と事業の定義が明確にされ，「われわれの成果は何か」「われわれの計画は何か」「われわれの事業はこのままで良いか」に答えることから行うべき活動が具体化されるのである。

　マーケティングにおいて最も重要な部分は販売活動ではない。顧客を企業活動の中心に据えたP.F.ドラッカーは，次のように述べる。

　　　つねに，なんらかの販売活動が必要であることは想定できる。だが，マーケティングの狙いは，販売を不要なものにすることである。マーケティングの狙いは，顧客をよく理解し，製品やサービスが顧客のニーズに合致して自ずと売れてしまうようにすることである。理想的に言うと，マーケティングとは顧客に購入の準備を整えさせてしまうことである（1973, pp.64-95）。

このような顧客志向のマーケティング・コンセプトは，従来考えられてきた典型的な売り手の論理とは反対の，買い手の論理として「生産者が顧客に価値ある満足を与えるために必要な全ての活動の総和」といったマーケティングの定義に結び付く（Drucker, 1957, p.39）。

2.3 顧客志向のトータル・マネジメント

19世紀の後半には通信販売，1930年代にはスーパーマーケット，1950年代にはディスカウント・ストア，ショッピングセンターなどの様々な小売業態が登場していた。また既述のように，マーケティング生成期においては市場流通についての問題が中心となっていた。それから半世紀が経った1954年，P.F.ドラッカーは顧客を企業活動の中心に据えた現代マーケティングを誕生させた。

> マーケティングは企業にとってあまりに基本的な活動である。そのため，強力な販売部門をもち，そこにマーケティングを任せるだけでは不十分である。マーケティングは販売よりもはるかに大きな活動である。それは専門化されるべき活動ではなく，全事業に関わる活動である。まさにマーケティングは，事業の最終成果，すなわち顧客の観点から見た全事業である。したがって，マーケティングに対する関心と責任は，企業の全領域に浸透させることが不可欠である（Drucker, 1954, p.49）。

にもかかわらず，P.F.ドラッカーは「経済の暗黒大陸"流通"」において「今日われわれは，ナポレオンと同時代の人々がアフリカ大陸の内部について知っていた程度しか，流通機構について知らない」と表現した（Drucker, 1962, p.103.）。多くの製造企業は，伝統的に製造部門における管理と合理化そしてコストの削減に労力を費やしてきたが，製品が工場から出荷された後の流通チャネルにおいて発生するコストにはほとんど知らない。また製造企業の代わりに顧客に接し，製品を販売し，製品が有する物質的特性を経済的価値に転換させる流通チャネルの経済的役割についてはほとんど注目されていない。これは卸売業者と小売業者などの流通企業が，会社法・会計制度上では製造企業とは別の企業であるためである。顧客が支払う価格，全体のコストの半分は流通チャ

ネルにおいて発生しているところに注意が必要で，顧客は製品そのものを購入するのでもなければ，製品そのものから得られる価値だけに満足するのでもない。

「経済の暗黒大陸」と表現された流通チャネル組織とそれによるサービス，そこから発生するコストをも含む"われわれの製品"に対する顧客の価値に重点を置くマーケティング・コンセプトについての再考が行われたのである。すなわち，生産部門だけの合理化だけでは不十分であり，顧客志向のマーケティング・コンセプトを企業の全領域に浸透させ，流通チャネル組織の合理化と流通チャネルにおけるコストの削減などを含む全体のプロセスをトータルにマネジメントしなければならないのである。このような顧客志向のトータル・マネジメントは，様々な部分の集合である企業活動においては部分の最適化ではなく全体の最適化が必要であるというP.F.ドラッカーのマネジメント思想の表れでもある。

S.クレイナーは，「現代マーケティングが，たくさんのアイデアとともに20世紀の経営思想の第一人者であるピーター・ドラッカーによって急発進したものであることは間違いない」と述べる（2000, p.125）。

3　マーケティング・コンセプトの啓蒙

3.1　マーケティング活動における組織的行動

P.F.ドラッカーは，自社に対する強いロイヤルティを持って継続的に購入してくれる「顧客の創造」を実現するための全体最適化，トータル・マネジメントを提唱した。

そしてW.オルダーソンは，従来企業内の販売組織に限定されていた販売管理として理解されていたマーケティングを，企業経営のすべての側面に関わる視点，マインド，そして実践として位置付けている。そして，市場調査，製品開発，価格，販売，品質管理などの様々な活動に対する諸関係を示し，これら経営目的達成のための諸資源を組織的な管理と評価を行うという統合的マーケ

ティング理論を展開したのである。

3.2 マーケティング・コンセプトの創造的模倣

1960年に発表されたT.レビットの「マーケティング近視眼（Marketing Myopia）」は，世界経済が高度成長の時代を迎え，「つくれば売れる」と言われていた時代に「製品をつくる前に顧客のニーズを把握することが先決である」と説き，顧客志向のマーケティング・コンセプトを根付かせた。

人口増加によるマーケット規模の拡大，大量生産によるコストダウンと低価格の実現，販売活動による市場占有率の確保，研究開発などを過信する企業，すなわちマーケティングを軽視してきたために成長産業を衰退させてきた鉄道産業と映画産業などを取り上げて「マーケティング近視眼」に陥ったと指摘したのである。それが示唆するものは次のように整理できる。

第一に，企業は顧客と顧客にとっての価値を正しく理解することによって事業の定義を見出せる。企業は単に商品を生産することではなく，マーケティングを重視すべきで，そのマーケティングは販売と「字義以上に大きく異なる」ということを強調した。特に，一般的には生産の天才として評価されるだけのH.フォードについて「アメリカ史上，最も優れたマーケター」「彼の本当の才能はマーケティングにあった」と再評価している点は実にユニークである。第二に，人口の増加はマーケットを成長させ，大量生産による低コストを実現すれば，高利益をもたらすという「マーケティング近視眼」に陥ることを防ぐためには，創造的破壊が重要であるとした。それは，製品開発のための新技術を開発するための研究開発ではなく，顧客に価値と満足を提供するための発想の転換，すなわちマーケティングそのもののイノベーションで新たな価値を創造する必要性を意味していた。そしてこのようなマーケティングの実践は経営者の指揮によって行われるべきであるとしたのである。第三に，「マーケティング近視眼」はP.F.ドラッカーのいう顧客志向のマーケティング・コンセプトを具体化させたものであった。T.レビット（1975）は『マーケティング近視眼』が意図したものは分析や処方ですらなかった。それが意図したのは啓蒙であっ

た」と述べており，これはT.レビット自身が1966年に発表した「模倣戦略の優位性」を実践したことでもある。

このように，顧客を企業活動の中心に据えたP.F.ドラッカーのマーケティング・コンセプトは，T.レビットなどによって定着され，ビジネスは製品コンセプトの「作って売る」という方針から，顧客のニーズを「感じ取って応じる」という顧客志向の方針に移行したのであった。

P.コトラーは，「半世紀前においては，企業は顧客に対して，特別な注意を払っていなかった。このような状況で顧客重視の経営を最初に強調したのはピーター・F・ドラッカーだった。ドラッカーの思想を研究しマーケティング分野へと展開したのがレビットである。彼は，独自の『イノベーティブ・イミテーション』などの新しいコンセプトも紹介してきた。それまで販売戦略の一分野と見なされていたマーケティングを，経営の中枢へと押し上げた最初の功労者の一人である」と述べる（2001，p.50）。

4　マーケティング理論の体系化

4.1　マーケティング・マネジメント理論の集大成

P.コトラーの『マーケティング・マネジメント』は1967年に初版が出されて以来，1972年，1976年，1980年，1984年，1988年，1991年，1994年，1996年，1999年，2003年，2008年と約40年間にわたって版を重ね，2012年には第14版が出版されるに至っている。これは，現代マーケティングに関する考え方と研究が凝集された「マーケティング・マネジメント理論の集大成」であるとも言える（マーケティング史研究会編，1993，p.82）。数々のマーケティング・テキストを執筆してきたP.コトラーは，1975年にアメリカ・マーケティング協会（AMA）より「マーケティング思想のリーダー」として選ばれたことをはじめ，1978年にも「マーケティング科学への顕著な貢献」，「マーケティングへの独創的な貢献」をしたと評価され，『DIAMONDハーバード・ビジネス・レビュー』でも「マーケティングを学問体系へと昇華させた創造者の一人」として高く

評価されるなど，マーケティング学界の第一人者として不動の地位を築いている（2004年2月号）。

4．2　マーケティングの創造的側面

ところが，P.コトラーは自らが築きあげてきた「マーケティング・マネジメント理論の集大成」の限界について言及している。成功を収めた大企業が「経費の高いマーケティング・リサーチを依頼したり，マス広告にばく大な予算を使ったり，大規模なマーケティング部門を運営」するような，科学化されたマーケティングを学ぶことは自らの教科書から学ぶことができる。しかし，全ての企業がこのようなマーケティングの「定式的な側面」を実践できるわけではない。むしろ，「限りのある資金をやりくりし，顧客に近いところで活動して顧客ニーズにより見合う解決策」を編み出すために，教科書には登場しない「真の創造性と熱意」を持ってマーケティングの「創造的な側面」を実践している企業の方が多いのである（2001, pp.3-4）。すなわち，P.コトラーが理想とするマーケティングと現実とは程遠い。むしろ定式化されておらず，また逆に定式化されたマーケティングのルールを打ち破ろうとするマーケティングの創造的な側面が「効果的なマーケティング」の多くの部分を占めるのである。従って，P.コトラーがマーケティングの多くを定式化してきたように「真の創造性と熱意」を持ったマーケティングの「創造的な側面」を定式化していくことより，それら個々の多様性を認識し，多くの企業がいかに実践し，いかに効果を上げるかが重要な課題となる。

参考文献

A.W. Show (1915), *Some Problems in Market Distribution*, Harvard University Press.

P.F. Drucker (1954), *The Practice of Management*, Harper Business.

—— (1957), "A Management Structure for Business with Marketing as a Foundation," *Printers' Ink, 1, Nov.*

—— (1973), *Management: Tasks, Responsibilities, Practices,* Harper Business.

P. Kotler, K.L.Keller (2012), *Marketing Management,* Pearson Education.

T. Levitt (1960), "Marketing Myopia," *Harvard Business Review,* 7-8.

—— (1975), "Marketing Myopia 1975: Retrospective Commentary," *Harvard Business Review,* 9-10.

P.コトラー（DIAMONDハーバード・ビジネス・レビュー編集部訳）「レビット・マーケティング論の意義」『DIAMONDハーバード・ビジネス・レビュー』2001年11月号。

R.バーテルズ（1993）（山中豊国訳）『マーケティング学説の発展』ミネルヴァ書房。

S.クレイナー（2000）（嶋口充輝監訳）『マネジメントの世紀1901～2000』東洋経済新報社。

T.レビット（1963）（土岐坤訳）『マーケティングの革新』ダイヤモンド社。

マーケティング史研究会編（1993）『マーケティング学説史―アメリカ編―』同文舘。

第6講 マーケティングの本質

> **キーワード**
>
> マーケティングの定義，マーケティング方針，マーケティングのイノベーション，顧客，ニーズ，ウォンツ，需要，顧客の価値，顧客満足と維持

1 マーケティングの定義

　歴史的・文化的環境，社会的・経済的環境の変化とともにマーケティングも変化してきた。また顧客というマーケティング対象の変化とともにマーケティングも革新されてきた。むしろマーケティング環境と顧客が絶え間なく変化していくにもかかわらず，変わらないのであれば，そのマーケティングの成功確率は低減していくだろう。すなわち，マーケティング環境と顧客の変化とともにマーケティングもイノベーションしていかなければならず，されなければならない。従って，マーケティングの定義も変化するのである。

　アメリカマーケティング協会（American Marketing Association：AMA）は，1935年に初めてマーケティングの定義を発表，1948年，1960年，1985年，2004年にその定義を改訂してきた。そして2007年10月，「マーケティングとは，顧客，依頼人，パートナー，そして社会全体にとって価値ある提供物を創造・伝達・配達・交換するための活動，一連の制度，過程である」と新たなマーケティングの定義を発表した。

　P.コトラーの『マーケティング・マネジメント』も1967年以降2012年まで14回にわたる改訂の中で繰り返し新たなマーケティングの定義を打ち出してきた。P.コトラーとK.L.ケラー（2008）は，マーケティングを「ターゲット市場を

選択し，優れた顧客価値を創造し，提供し，伝達することによって，顧客を獲得し，維持し，育てていく技術および科学である」と定義した。このようなマーケティングについての定義から分かるように，マーケティング活動の範囲は実に広い。

マーケティングは，商品が生産された後に必要な販売活動であると理解されることが多いが，顧客は製造方法，加工方法，特許，原材料，広告費，販売方法などには全く無関心である。言い換えると，企業活動は製品を生産するプロセスでもなければ，製品を仕入れて販売するプロセスでもない。企業活動とは，顧客のニーズを明らかにして触発する，新たな顧客のニーズを創造する，顧客に少しでも多くの満足を与えられる価値を創造するマーケティング活動のことである。

マーケティングは，絶え間なく変化する顧客のニーズとウォンツを企業活動に結び付け，企業活動の全てを顧客に向けさせ，企業という組織が有する全ての資源とエネルギーをベクトルに変えさせることである。すなわちマーケティングは，企業が実現すべき目標と努力の方向を示すマップである。

マーケティングは，マーケティング活動そのものの主体となる企業組織内部，供給業者あるいは卸売業，小売業などのパートナー，お客様あるいは消費者などとも呼ばれる顧客，マーケットにおいて競合する競争相手，さらには社会までをも対象とする活動である。そして，これらの対象にとって価値ある製品やサービスを創造し，実際に提供し，その価値を伝えなければならない。また，これらの対象がその価値に対して満足し，再び自社の市場提供物を求めるリピーターにさせなければならない。

2　様々なマーケティング方針

マーケットに対する企業活動は様々なマーケティング方針に基づいて行われる。ここでは，P.コトラーが挙げる生産コンセプト，製品コンセプト，販売コンセプト，マーケティング・コンセプト，ソサイエタル・マーケティング・コ

ンセプト，ホリスティック・マーケティング・コンセプトを紹介してみよう。

2.1 生産コンセプト

　生産コンセプトは，顧客は製品の入手可能性と安い価格を好むという考え方に基づき，生産性を向上させてコストを削減，大量生産と大量流通，大量販売を通じて利益が確保されるというマーケティングの方針である。生産コンセプトについては，急速な経済成長に伴って消費者の所得水準が向上されつつある開発途上国における耐久消費財マーケットなどでイメージできる。

2.2 製品コンセプト

　製品コンセプトは，顧客は品質や性能または革新的な技術的特徴がある製品を選好するという考え方に基づき，既存製品の改良，新技術による新製品開発に重点をおく。しかし，多額の費用と長期にわたる時間を費やして開発された製品であっても，適切な価格，チャネル，広告，販売が行われなければ，顧客の価値と満足には結び付かない。

2.3 販売コンセプト

　販売コンセプトは，企業側が何もしないと顧客は製品を購入してくれないという考え方，または顧客が求めるものを生産するよりも自社が生産した製品を販売することを目的とし，積極的なプロモーションと販売促進活動を行う。販売コンセプトに基づいて売り込み攻勢に頼る企業は，顧客は必ず自社の製品に満足してくれるという思いこみを前提としている。

2.4 マーケティング・コンセプト

　マーケティング・コンセプトは，企業という組織体が展開するビジネスの目的は顧客の創造であるとし，顧客をビジネスという企業活動の中心に据えたP.F.ドラッカーの『現代の経営』から出発し，T.レビットなどによって根付いてきた考え方である。すなわち，生産，製品，販売を重要視してきた従来のマー

ケティングと，現代の多くの経営者または実務家の間で活発に議論，展開，実践されているマーケティング・コンセプトの大きな違いは，全社的な顧客志向にある。

2.5 ソサイエタル・マーケティング・コンセプト

ソサイエタル・マーケティング・コンセプトは，地球環境の悪化，資源の枯渇，爆発的な人口増加，世界的飢餓と貧困などの様々な問題を抱える今日，顧客の価値と満足を追求するマーケティング・コンセプトを拡大した考え方として，企業の利益，顧客の満足，社会の利害をバランスさせるという考え方に基づき，標的市場のニーズ，欲求，関心を正しく判断し，顧客と社会の幸福を維持・向上させ，要望に沿う満足を効果的かつ効率的に提供する。

3 ホリスティック・マーケティング・コンセプト

近年のように急速かつ激しく変化するマーケティング環境に企業が適応していくためには，一層全体的で包括的なマーケティング方針が必要とされると言われている。すなわち，ホリスティック・マーケティング・コンセプトとは，マーケティングに関わる全ての重要性と相互依存性を認識，幅広く統一感ある方針に基づいたマーケティングを計画実践する必要があるという考え方である。

リレーションシップ・マーケティング，統合型マーケティング，インターナル・マーケティング，社会的責任マーケティングという4つの要素で構成されるホリスティック・マーケティング・コンセプトは，マーケティング活動の範囲と複雑性を認識し，それらを融和させようとするアプローチである。

図6-1　ホリスティック・マーケティング・コンセプト

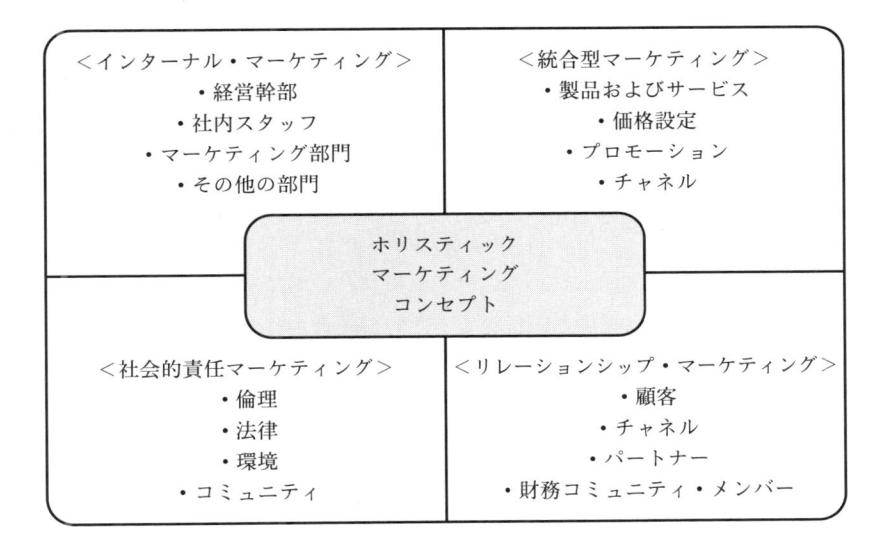

```
┌─────────────────────────┬─────────────────────────┐
│ <インターナル・マーケティング> │ <統合型マーケティング>      │
│   ・経営幹部              │   ・製品およびサービス       │
│   ・社内スタッフ           │   ・価格設定              │
│   ・マーケティング部門      │   ・プロモーション          │
│   ・その他の部門          │   ・チャネル              │
│              ホリスティック                          │
│              マーケティング                          │
│               コンセプト                            │
│ <社会的責任マーケティング>  │ <リレーションシップ・マーケティング> │
│   ・倫理                │   ・顧客                  │
│   ・法律                │   ・チャネル              │
│   ・環境                │   ・パートナー            │
│   ・コミュニティ          │   ・財務コミュニティ・メンバー │
└─────────────────────────┴─────────────────────────┘
```

3.1　リレーションシップ・マーケティング

　企業は，顧客，従業員，供給業者，流通業者，小売業者，広告会社，株主，投資家，アナリストなどの利害関係者との間で相互にビジネス関係を築いており，相互に支え合っている。

　リレーションシップ・マーケティングは，このような利害関係者と経済的，技術的，社会的な結びつきをマーケティング・ネットワークという独自の資産へと発展させることを目的とする。従来，顧客とのリレーションシップに特化して議論されてきたカスタマー・リレーションシップ・マネジメント（CRM）に加えてパートナー・リレーションシップ・マネジメント（PRM）をも行うことで，高い顧客ロイヤルティと顧客価値を創造し，一層大きなマーケット・シェアを獲得，利益ある成長が実現されるのである。

3.2 統合型マーケティング

　企業は，標的市場から望ましい反応を引き出すために様々なマーケティング・ツール使う。無限に存在するマーケティングのツールは，製品（Product），価格（Price），流通（Place），プロモーション（Promotion）の4つの大きなグループに分類され，マーケティングの4つのPと呼ばれているが，これらを組み合わせることをマーケティング・ミックスという。

　統合型マーケティングは，企業が標的市場でマーケティング目的を達成するために，様々なマーケティングのツールを組み合わせたマーケティング活動を考案，価値を創造し，提供し，伝達するための統合されたマーケティング・プログラムを作成することである。すなわち，一つのマーケティング活動を立案して実践するには，多様なマーケティング・ツールを利用しつつも，利用する全てのマーケティング・ツールを連携させてその効果を最大化するという考え方である。

3.3 インターナル・マーケティング

　インターナル・マーケティングとは，顧客に価値を創造，伝達，提供していこうとする企業の内部において，十分な準備ができていないにもかかわらず，顧客に対して価値を約束することはナンセンスであるという考え方から，経営幹部をはじめとする組織内の全ての従業員にマーケティングの原理を理解させることである。これには，製品マネジメント，マーケティング・リサーチ，カスタマー・サービスなどの具体的なマーケティング活動を直接担当する各部門が協力連携する必要があることはもちろん，研究開発，購買，製造，販売，物流，経理，財務などの部門も顧客志向を持つこと，繰り返すと，マーケティング思考が企業全体に行き渡っていなければならない。すなわち，企業内部に向けてのマーケティング活動は，企業外部に向けてのマーケティング活動以上に重要である。

3.4 社会的責任マーケティング

マーケティング活動の影響は，顧客のみならず社会全体にまで影響を与え，消費者の生活を変え，文化を変え，文明を変えるとも考えられる。従って，マーケティングを実践する際は，社会，倫理，文化などの側面にも十分な配慮が必要である。このような配慮に基づいて企業の利益，顧客の満足，公共の利益に関するバランスのとれた意思決定が重要になるのである。

3.5 マーケティングのイノベーション

2010年，P.コトラーらは『マーケティング3.0』という画期的なタイトルの書物を発表した。まず「1.0」「2.0」「3.0」などは，パソコンもしくはスマート・フォンなどで使用され，常にアップグレードされていくアプリケーションのバージョン情報を示すものである。ところが，マーケティングとマーケティングについての考え方が常にイノベーションされ，絶えず変化し，新たなマーケティングについての考え方を提唱する書物に「3.0」という表現が用いられたことは画期的な，また現代のマーケティングを象徴していることであると評価できる。次に，P.コトラーらもマクロ経済環境などの様々なマーケティング環境が変化すれば，消費者の行動も変化し，それがマーケティングを変化させるという。そして，新しい時代の流れとともにマーケティングにもイノベーションが求められるという。次に，マーケティング1.0，2.0，3.0を比較してみると，「マーケティング1.0」は製品中心の考え方，「マーケティング2.0」は消費者中心の考え方であり，このような従来のマーケティングは受動的な消費者を機能的・感情的に満足させてきた。一方，ソーシャル・メディアが決定的な影響力を持つ時代，グローバル化した世界の消費者は精神的満足をも求めるようになったため，「マーケティング3.0」は人間中心の考え方を基本に収益性と企業の社会的責任を両立させる段階であると説明されている。

ところが，「マーケティング3.0」も「マーケティング2.0」と同じく，「消費者を満足させることをめざす」（P.コトラーら，2010，p.18）。すなわち，マーケティング環境と顧客の変化とともにマーケティングもイノベーションされて

おり，その定義も変化を続けるが，企業という組織体が展開するビジネスの目的を顧客の創造であるとし，顧客をビジネスという企業活動の中心に据えた顧客志向のマーケティング・コンセプトというマーケティングの本質は変わらない。

4 顧　　客

　顧客は，マーケットに存在する無数の提供物の中から最も価値あるものはなにかを考えて選択し，購入という行為を行う。顧客にとっては，いかなる製品も多様な製品やサービスから得られる多様な価値と多様な満足の一部にすぎない。また顧客は，企業が生産し，販売する製品を購入するのではない。製品やサービスから得られる価値と満足を購入するのである。企業は価値を生産することも満足を供給することもできない。企業は，顧客が価値を感じ，満足を得る手段をつくって引き渡せるにすぎない。

　顧客は合理的である。それは買わないという絶対的な権利を有するためである。そのような顧客の合理性に適応することもしくは顧客に認められる新たな論理を創造することこそが企業の仕事・課題・責任である。従って，顧客を理解した上で，顧客に価値と満足を提供することこそ，マーケティングの最終的な成果である。

4．1　顧客の概念

　多くの場合，わが社の製品，わが社の技術，わが社の顧客など事業の内部からマーケティングが出発する。

　しかし企業と企業が展開する事業をを外部から分析することの必要性を指摘するP.F.ドラッカーが展開する顧客の概念はユニークである。第一に，既にわが社の製品を価値あるものと認識して購入している顧客のみならず，未だわが社の製品を買わない非顧客（ノンカスタマー）は誰か，彼らはなぜ非顧客（ノンカスタマー）であるかに注目し，わが社の製品にふさわしい顧客を見つける

のではなく，わが社の顧客にふさわしい製品を創造するのである。第二に，わが社の製品を購入し，わが社の事業と成果に直接的な影響を与える顧客のみならず，原材料の供給業者，下請けメーカー，流通業者などの利害関係者もマーケティング活動によって満足させられるべき顧客であるとし，顧客の概念を拡張させたのである。

4.2 ニーズ，ウォンツ，需要

顧客を理解することは不可欠である。

ニーズとは，「お腹がすいた」，「のどが渇いた」などのような人間が生きるために必要とする基本的な要件である。生理的なニーズだけではなく，教育，趣味，娯楽などに対するニーズも存在するということを忘れてはならない。そして，企業のマーケティング活動によって顧客のニーズが具体的な特定の物に向けられるとウォンツになる。「お腹がすいた」というニーズを持つ顧客の関心が吉野家の牛丼といった具体的な提供物に向けられた時に初めて企業のマーケティング活動の成果としてウォンツが現れるのである。

しかし，顧客のニーズがウォンツへと変化しただけでは十分ではない。380円を支払う能力を持たず，牛丼並盛の注文ができず，支払が行われなければ，企業のマーケティングの成果には結びつかないのである。むしろ，ニーズをウォンツに変えるために展開してきた様々なマーケティング活動に費やしたコストだけが残る。よって，マーケティングには「吉野家の牛丼が食べたい」というウォンツを需要へと変えるための努力も含まれることになるのである。このような努力は自動車メーカーが金融ビジネスを展開することあるいは中古車販売ビジネスを展開することなどから理解することができる。

換言すると，企業から生産された優秀な製品であっても顧客による支払と購入という行為がない限り，それはモノにすぎない。従って企業は，顧客のニーズをウォンツに変えていくためのマーケティング活動の以前に，支払能力を持つ需要となり得る顧客を見分けることが重要な課題となる。

企業が顧客のニーズをつくりだすことは不可能である。企業は顧客のニーズ

を特定の製品やサービスに向けさせるわずかな影響を与えるにすぎない。ところが，顧客が考えたこともなく，ニーズとして自覚したこともないような新しい製品をマーケットに出して顧客を夢中にさせてしまうような創造的なマーケティングを展開する企業も多数存在している。

4．3　顧客の価値と満足

　顧客が特定の製品やサービスに対するウォンツを抱き，実際の購入に至るまで商品代金以外にも様々なコストが必要とされる。家電製品や家具などを購入するためには量販店までの交通費，移動のための時間とエネルギー，心理的負担などのコストが必要とされるが，その製品が大きな価値を与えてくれるだろうと期待し，膨大なコストを支払うのである。一方，顧客が受け取る価値には，製品そのものから得られる価値以外にも，メーカーとは別の企業である販売店が提供する価値，販売員のサービスによる価値，さらにはその製品を所有することによって得られる社会的認識といった価値までもが含まれる。

　このように，購入前の期待に対してさらには未使用の未経験の製品に対して膨大なコストをかけざるをえない顧客の総受取価値が総顧客コストを上回った時，顧客の総受取価値が期待を上回った時，顧客満足へと化す。

4．4　顧客満足と顧客維持

　多くの企業は，新規顧客の獲得に重点をおく。しかし新規顧客の獲得には，既存顧客を満足させ，維持するために必要とされるコストの約5倍がかかると言われている。一度満足を覚えた既存顧客は，わが社の製品に対してロイヤルティを持ち，競合製品のブランドや価格変動などによる影響も少なく，自らのコミュニティにおいては好意的な意見を広めてくれるだけでなく，新たな製品やサービスのアイデアを提供してくれることさえある。

　このような顧客維持を実現する最も有効な方法は顧客の満足である。

参考文献

M.J. Lanning & E.G. Michaels (1988), "A Business is a Value Delivery System," *McKinsey Staff Paper*, 6.

P.F.Drucker (1964), *Managing for Results*, Harper & Row, Publishers, Inc.

―― (1990), *Managing the Nonprofit Organization*, Harper Collins Publishers.

P.コトラー (2001) (恩藏直人監修,月谷真紀訳)『コトラーのマーケティング・マネジメント』ピアソン・エデュケーション。

P.コトラー・K.L.ケラー (2008) (恩藏直人監修,月谷真紀訳)『コトラーとケラーのマーケティング・マネジメント』ピアソン・エデュケーション。

P.コトラー・H.カルタジャヤ・I.セティアワン (2010) (恩藏直人監訳,藤井清美訳)『コトラーのマーケティング3.0』朝日新聞出版。

若林靖永 (2003)『顧客志向のマス・マーケティング』同文館。

American Marketing Association HP (http://www.amanet.org/, 2012.07.30最終確認)。

第7講　マーケティング・マネジメント

> **キーワード**
>
> マーケティング・プロセス，戦略的マーケティング，STP，戦術的マーケティング，ミッション，事業の定義，体系的撤退，SWOT分析，3つの基本戦略

1　マーケティング・プロセス

　企業が価値を創造し，顧客に提供していくマーケティングのプロセスは，大きく戦略的マーケティングと戦術的マーケティングに分類することができる。

図7－1　マーケティング・プロセス

戦略的マーケティング	顧客に提供する価値を選択	市場の細分化
		市場の選択と集中
		価値ポジショニング
戦術的マーケティング	価値の提供	製品・サービス開発
		価格設定
		資材調達
		製造
		流通サービス
	顧客への価値伝達	営業
		販売促進
		広告

出所：P. Kotler, K.L.Keller, 2006, p.36.を参照。

1.1 戦略的マーケティング

マス・マーケティングは，あらゆる顧客を対象にして1つの製品を大量に生産，流通，販売，プロモーションを行うことで，最大の潜在市場が開拓でき，それによってコストの削減と低価格が実現され，高利益に結びつくと考えられてきた。しかし，成熟した現代のグローバルなマーケットにおいては顧客ニーズが多様化していることはもちろんのこと，広告媒体と流通チャネルなども激増しているため，その実現は容易なことではない。

企業は自らが提供する価値に満足する可能性が最も高い顧客を発見し，それに焦点を当てることで，自らのマーケティング努力の効果を高められる。従って，新技術・新製品の開発の前に，市場を細分化し，自らのマーケティング努力を注ぐ対象となる顧客を選択し，その顧客にどのような価値を提供するかについての選択，自らが有する経営資源で提供できる新たな価値を開発する戦略的マーケティングが必要となるのである。第一に，国，地域，文化，経済，年齢，世帯規模，性別，所得，職業，教育水準，ライフスタイル，人種，世帯，社会階層，価値観，製品に対する知識と態度，使用方法，反応などに基づいて類似したニーズや欲求を共有するグループに分類し，市場の細分化（Segmentation）を行う。第二に，このように分類できた各市場セグメントに対してその規模，成長性，収益性，規模の経済性，リスクといった側面からその特性と魅力度を評価し，わが社にとってどのセグメントが最も有効なセグメントであるかを判断，わが社の標的市場を定める市場の選択と集中（Targeting）が必要となる。標的市場を定めるには企業の目的，自社が有する経営資源なども考慮されなければならない。第三に，ターゲットに選択した標的市場の顧客の心の中に，企業のイメージやブランド，または企業が顧客に提供する製品やサービスから得られる価値をポジショニング（Positioning）させる。それは，なぜその製品を買うべきなのかという説得力あるイメージを顧客の心の中にデザインすることである。価値のポジショニングには，製品，スタッフ，チャネル，イメージ，ブランドなどによって競合他社との間で明確な差別化を行うことが重要な課題となる。

1.2 戦術的マーケティング

市場の細分化と市場の選択によってわが社のマーケティング努力を集中すべき標的市場・顧客が明確にされると，わが社が提唱する製品やサービスの価値をいかに提供し，伝達し，顧客の心の中にポジショニングさせるかという戦略的マーケティングが必要となる。

まず，具体的な製品とサービスを開発し，その製品に必要な技術及び生産技術を開発し，適切な価格を設定し，その製品と価格に相応する原材料を調達し，実際に生産をし，マーケティング・チャネルの選択・教育・管理を行い，わが社の製品が有する価値を提供するための活動が行われる。次に，営業，販売促進，広告などのコミュニケーション・ツールを用いたプロモーション活動で顧客に対する価値の伝達が行われるのである。

以上のことから，顧客調査，新しい技術の研究開発，価格の設定，華やかな広告とイベント，販売や営業などのマーケティングのツールに注目するマーケティングについての一般的な誤解と，企業の内外を含む全体プロセスと資源とエネルギーを顧客に向けさせるトータル・マネジメントとしてのマーケティング・マネジメントの間には，大きな違いがあるということを理解しなければならない。

2 マーケティング戦略

企業が標的市場においてマーケティング目的を達成するには適切なマーケティング活動が選択・実践されなければならない。そのためには，マーケティング戦略についての理解が不可欠である。

マーケティング戦略は，企業の資源とエネルギー，そしてマーケティング努力の方向性を示して，その全てを調整する設計図である。

2.1 企業ミッション

企業レベルでは，明確なミッションを確立させ，どのような事業を立ち上げ

るかを判断することはもちろんのこと，市場成長率と市場におけるポジションから各事業を評価して各事業にどれだけの経営資源を配分・投資するか，またどの事業から撤退するかを決定する。事業部レベルでは，各事業単位対する資源配分と各製品に対する具体的なマーケティング戦術を策定する。このように各組織レベルにおいて適切なマーケティング計画が策定され，実践され，その成果の測定と診断，必要に応じて修正されるのである。すなわち，企業本部がミッション，経営理念，マーケティング戦略，目標を明確に定めることで，各事業単位がそれぞれのマーケティング計画を策定できるようになる。

　ジム・コリンズは，ミッションを明確にすることで「何を行うべきか」そして「何を行うべきでないか」が明確にされ，「ミッションをもつことは，激動の世の中ではますます重要」なことであると述べる（P.F.ドラッカー他，2008，p.17-19）。

2.2　事業の定義

　多くの企業は，「何を販売しているか」に基づいて自らの事業を定義する。

　しかしP.F.ドラッカーは，「事業は，会社の名称とか法令，基本定款によって定義されるのではない。事業は，顧客が製品とサービスを買って，どんな欲求を満足させるのかによって定義される」と述べる（1974, p.77.）。すなわち，企業が事業の定義を明確にするためには，事業を顧客，市場，用途から多元的に分析しなければならないのである。さらに，P.コトラー・K.L.ケラーは「何が自分たちの事業なのか。顧客は誰か。顧客にとっての価値は何なのか。自分たちの事業はこれからどうなるのか。自分たちの事業はどうあるべきなのか」という「ピーター・ドラッカーの定番の質問に応えなければならない」という（2008, p.55）。

2.3　戦略的事業単位

　一般的な大企業は，それぞれが独自のマーケティング戦略を必要とする複数の事業を展開している。企業は，独自の競争相手を持つそれぞれの事業に経営

資源を適切に配分し，独立したマーケティングの戦略と計画を策定させるために，戦略的事業単位を明確にしなければならない。そして，各戦略的事業単位が策定する戦略と計画による成果に責任を持たせなければならない。

2.4　戦略的事業単位の成長機会評価と経営資源配分

　企業が各戦略的事業単位へ経営資源を配分するためには，成長機会を評価する必要がある。戦略的事業単位の成長機会評価には，1960年代にボストン・コンサルタンティング・グループ（BCG）が開発・普及させた市場成長率と相対的市場シェアのマトリクスを用いることができる。

　縦軸の市場成長率はライフサイクルの4つの段階に対応しており，横軸の相対的市場占有率・競争ポジションは同じセグメントに存在する競合他社に対するわが社の戦略事業単位の市場占有率と競争力を示している。

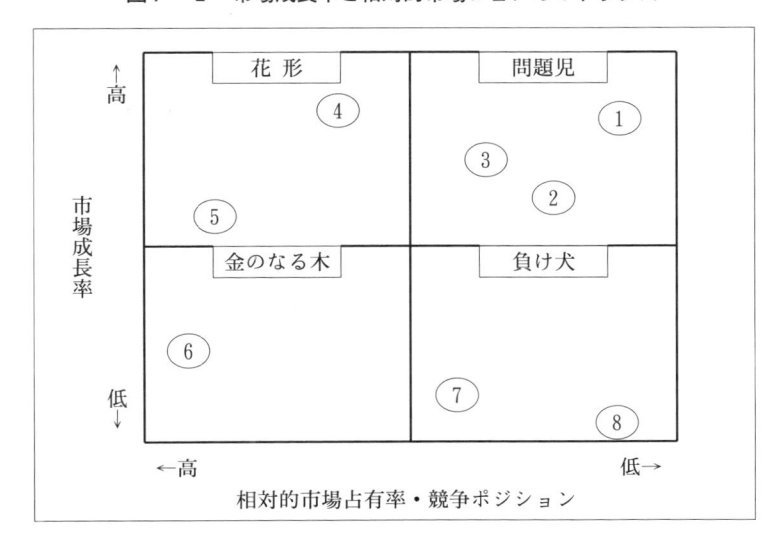

図7－2　市場成長率と相対的市場シェアのマトリクス

	花　形	問題児
高↑	④	①
	③	
	⑤	②
	金のなる木	負け犬
	⑥	
低↓		⑦　　⑧

←高　　相対的市場占有率・競争ポジション　　低→

市場成長率

　マトリクス上の円はA社が展開する1～8までの8つの戦略事業単位を表している。戦略事業単位＜4＞は，高い市場成長率を示してライフサイクルの成

長の段階にあるとともにマーケットにおいても比較的高い市場占有率・強い競争力を有している。一方，戦略事業単位＜6＞は，極めて高い市場占有率とマーケットでの競争力も強い。しかし，戦略事業単位＜6＞が属するマーケットの成長率は低く，ライフサイクルの成熟もしくは衰退の段階にあることが分かる。さらに，戦略事業単位＜8＞の場合をみると，マーケットにおける競争力が弱いだけでなく，そのマーケットの成長率も極めて低い。

　市場成長率と相対的市場シェアのマトリクスを整理してみよう。第一に，高い市場成長率を示すとはいえ相対的市場シェアが低い事業単位は「問題児」として位置付けられる。高い市場成長率への期待から新規参入もしくは事業継続を決断しても，既に強い競争相手が存在するために多くの経営資源を配分しなければならない。第二に，かつて問題児であった事業単位が成功を収めると，成長率の高いマーケットにおいて高い市場占有率を獲得した「花形」となる。第三に，かつては花形であった事業単位が最大の相対的市場占有率を維持してはいるものの，マーケット全体の成長が鈍化してしまった「金のなる木」がある。第四に，ほとんど成長をみせず，衰退のマーケットにおいて競争力すら持たない「負け犬」がある。

　すなわち，これから成長していくだろうと予想されるマーケットにおいてまだ十分な競争力を持たない問題児（戦略事業単位＜1＞）を花形に成長させるかどうか，そのためにはどの程度の経営資源を配分するか，今後マーケットの成長が鈍化していく花形（戦略事業単位＜4＞）にはどの程度の経営資源を配分して金のなる木に発展させるか，あるいは高い市場成長率をいかにして維持するかなどが課題となる。

2.5　体系的撤退

　しかし，衰退のマーケットにおいて競争力も持たない負け犬（戦略事業単位＜8＞，将来的には＜7＞も）の場合，事業単位の売却もしくは清算，すなわち，いかにマーケットから撤退するかが課題となる。

　限られた経営資源の配分は，財務の面でもマーケティングの面でも，広く薄

くという具合にならざるを得ない。経営資源は，花形もしくは金のなる木に発展し，大きな成果をもたらす可能性のある事業単位に集中されるべきである。

　P.Fドラッカーは，「長い航海を続けてきた船は，船体に付着した貝を洗い落とす。さもなければ，スピードは落ち，機動力は失われる。長い間凪いだ海を航行してきた企業や公的サービス機関も，資源ばかり食う製品やサービスや事業を洗い落とす必要がある。すでに昨日のものとなった製品，サービス，事業を洗い落とさなければならない。あらゆる組織が，このような廃棄を計画的に行っていく必要がある」と述べる（1993, p.43）。

3　事業の戦略

　各事業単位は，企業全体のミッションの中でそれぞれの事業ミッションを定め，SWOT分析，目標設定，戦略策定，実践とフィードバックといった事業戦略のプロセスを経る。

3.1　SWOT分析

　SWOT分析とは，企業外部に存在するマーケティングの機会と環境上の脅威を観察するとともに，企業内部に存在する自らの強みと弱みを明確にすることである。

　外部環境には，マクロ環境とミクロ環境がある。マクロ環境には，デモグラフィック環境，経済環境，社会・文化的環境，自然環境，技術的環境，政治・法的環境などが含まれる。ミクロ環境には，顧客，競合他社，流通業者などが含まれる。このような外部環境を観察することで，新たなマーケティングの機会（Opportunity）と自社にとって脅威（Threat）になり得る様々なリスクを発見でき，また企業と戦略事業単位を取り巻く様々な機会と脅威が明確にされることで事業の総合的な魅力と成長の機会に対する評価が可能になる。さらに，脅威であるかのように見えるものが本当に脅威であるかを検証しなければならない。誰もが脅威であると判断する事態にこそ，誰にも気づかれない機会

が存在するためである。

　しかし，魅力的なマーケティング機会が発見できたとしてもその全てが事業として展開でき，また成果に結びつくとは限らない。各戦略事業単位は，新たに発見できた機会を新たな事業に発展させるにあたって自らの強み（Strengths）と弱み（Weaknesses）は何かを明らかにしなければならないのである。全ての弱みを改善する必要もなければ，全ての強みが活用されるわけではないが，新たなマーケティングの機会において自らの強みが最大限発揮されることこそ，最も効果的であることには違いない。

3.2　目標設定

　事業の存続と繁栄に直接的にまた重大な影響を与える全ての領域において事業の目標が設定されなければならない。市場における地位，イノベーション，生産性，経営資源，利益，マーケティング・マネジャーの仕事とその育成，従業員の仕事と行動，社会的責任についての目標こそが，事業が目指すべき成果とそのための手段を明確にし，事業のマネジメントを可能にする。

3.3　戦略策定

　M.E.ポーター（1982）は，新規参入の脅威，既存競争業者間の敵対関係の強さ，代替製品・サービスからの圧力，買い手と売り手の交渉力といった5つの競争要因に対処できる3つの基本戦略を述べた。

　第一にコスト・リーダーシップ戦略では，技術，購買，製造，流通などのコストを低減させ，競合他社より低価格を実現することでマーケットシェアを獲得することができる。しかし，低コストと低価格を競うコスト・リーダーシップ戦略を実行するには，大量生産のための巨額の投資と攻撃的な価格政策，さらにマーケットへの参入初期にはシェアを確保するための赤字をも覚悟しなければならない。また，低コストを維持するために再投資も不可欠である。第二に製品設計，ブランドイメージ，テクノロジー，製品特徴，顧客サービス，ディーラー・ネットワークを差別化することで，マーケットの中で特異であるとみら

れる価値を創造するという差別化戦略は，競合他社からの攻撃を回避することができるとともに平均以上の収益が確保される。第三にコスト・リーダーシップ戦略と差別化戦略はマーケット全体を対象にするが，集中戦略は買手グループ，製品種類，地域市場などによってセグメントされる特定のターゲットに経営資源を集中させ，コストのリーダーシップまたは差別化またはその両方を同時に展開する。しかし，特定のセグメントに絞り込んだ集中戦略では，マーケット全体を対象とする二つの戦略に比較して達成可能な市場シェアの大きさに限界が生じる。

　以上で述べたM.E.ポーターの3つの基本戦略は競争を前提にしたものである。多くの企業が限られたパイを奪い合う激しい競争を繰り広げ，その競争の中で生き残るための戦略を考える。ところが，このような競争の結果をみると，世界的に著名な企業であってもそのマーケットシェアは20～30％，利益率は10％弱程度にすぎない。他方，W.C.キム・R.モボルニュ（2005）は，かつてない新たな価値を提供するバリュー・イノベーションで，競争のない，競争自体を無意味なものにする新たなマーケットを創造するというブルー・オーシャン戦略を紹介している。

3.4　実践とフィードバック

　戦略を実践するには，様々な利害関係者あるいはパートナーを満足させることを忘れてはならない。例えば，従業員満足を追求することで製品とサービスの品質が向上し，最終的な顧客の満足度が高まる。そしてリピートの顧客が増え，収益率が上昇し，株主の満足度が高まる。さらに，事業戦略を実践して得られた成果と外部環境の変化に対する観察を続け，その成果と環境の変化に合わせて事業戦略を修正する努力を怠ってはならない。

4　マーケティング・マネジメント

　マーケティングの対象と活動の範囲は実に広い。お客様・消費者・顧客がマー

ケティングの対象となることはもちろんのこと，従業員，供給業者，流通業者，小売業者，広告会社，株主，投資家，アナリストなどの利害関係者もマーケティングの対象である。

今日の顧客は，グローバルなマーケットにおいて多種多様な価値と満足を求め，実際に多種多様な価値と満足の中から選択し，購入する。また，マーケットに対する意見と評価を自由に述べられるコミュニティを形成，さらには消費者団体などのように組織化され，企業のマーケティング活動に対する大きな影響力を持つようになっている。今日の企業も，グローバルなマーケットから自らのミッションと目標と戦略に最適な利害関係者・パートナーを選び，マーケティング活動を遂行する。多種多様な機能と役割に特化された利害関係者・パートナーを組織化して自らの経営資源として活用するとともに，各々の利害関係者・パートナーに価値と満足を提供しなければならない。

このようにマーケティングの対象と活動が多元的なものであるがゆえに，成果を成すためにはその対象と活動が組織化されるべきであり，全体的な視点からのトータル・マネジメントが必要とされるのである。企業は様々な部分の集合体である。組織内部の効率化をはかるだけでは高い生産性と大きな成果を期待することは難しい。企業内部にも，また企業と利害関係者・パートナーとの間にもカベが存在する。内部と外部を含む全体のプロセスをいかにトータル・マネジメントするかが，顧客を創造し維持するための最大の課題となる。

参考文献

P.F.Drucker (1993), *Managing in Turbulent Times,* Harper Business.

――, etc (2008), *The Five Most Important Questions,* Leader to Leader Insitute.

P. Kotler, K.L.Keller (2006), *Marketing Management,* Pearson Education.

M.E.ポーター (1982)（土岐坤，中辻萬治，服部照夫訳）『競争の戦略』ダイヤモンド社。

P.コトラー（平賀久美子訳）「撤退のマーケティング戦略」『DIAMONDハーバード・ビジネス・レビュー』2004年2月号。

W.C.キム・R.モボルニュ (2005)（有賀裕子訳）『ブルー・オーシャン戦略』ランダムハ

ウス講談社。
三浦一郎・白珍尚編著（2010）『顧客の創造と流通』高菅出版。

第8講　製品の戦略

> **キーワード**
>
> ベネフィットの束，　ブランド・エクイティ，　顧客にとっての中核的価値，
> 拡大された製品，　製品ライフ・サイクル，　パッケージ，　顧客満足の氷山，　NB，
> PB，　製品分類

1　製品の位置づけと製品の考え方

1.1　マーケティング・ミックスの中の製品の位置づけ

　マーケティング・ミックスという考え方（概念）は，2つの意味をもっている。1つは，マーケティングという企業活動がいろいろな活動から構成されているということ，そして，それらがあたかもミックスジュースのように，うまく（おいしく）ブレンドされているということ，あるいはまた，そのようにうまくブレンドされていなければならないということである。それらの多様な活動は，大きく4つに分けることができる。

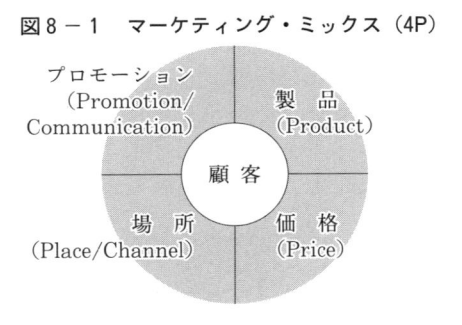

図8-1　マーケティング・ミックス（4P）

　　　　プロモーション　　｜　製　品
　　　　（Promotion/　　　｜　（Product）
　　　　Communication）　　｜
　　　　―――――――顧　客―――――――
　　　　場　所　　　　　　｜　価　格
　　　　（Place/Channel）　｜　（Price）

マーケティング・ミックスの中心になるのが，この章で取り上げる製品である。製品という市場への具体的な提供物があって初めて，ミックスジュースの味が決まってくる。

ミックス概念でもう1つ忘れてはならないことは，製品が中心になるとはいっても，それだけでは最終的な製品にはならないということである。製品には価格がつけられなければならないし（価格戦略：第9講），どのような流通経路（販路）を通じて販売していくかを決定しなければならない（流通チャネル戦略：第10講）。そして，そのためには流通経路を構成する卸や小売へ売り込んだり協力を求めたりしなければならないし，なによりも消費者に売り込まなければならない（コミュニケーションの戦略：第11講）。

このようなミックス全体の適切な組み合わせがあって初めて，製品は販売対象としての意味をもつことを忘れてはならない。同じ製品であっても，そうしたミックスの組み合わせを変えることで異なった売り方ができる。そのことを「マーケティング・ミックスの差別化」（J.マッカーシー）と呼ぶ。たとえば，パソコンを，それだけを売るのか指導やアフターサービスを含めて売るのかによって，物理的には同じ製品であっても違う製品と考えることができる。量販店を通じて安く大量に販売するのか，専門店できめ細かいサービスとともに売るのか。同じ製品であっても異なったものとして買われるといえるからだ。アップルは自社のアップル・ストアでの販売を中心にしているし，ソニーも自社直販店の展開を試みた（2010年7月31日現在，終了）。

1.2 製品の考え方

1.2.1 ベネフィットと属性

製品は様々な属性からできており，それらの属性を通じて消費者にベネフィット（便益)を提供する。このことから，製品を「ベネフィットの束」と考え，提供しようとするベネフィットから製品を考えるのが一般的である。つまり，どのようなベネフィットを提供するのか，そのためにはどのような属性を束ねたらよいか，というように。

冒頭にマーケティング・ミックスとの関連で製品を位置づけたように，最終のベネフィットはマーケティング・ミックスを通じて実現されるのだから，マーケティング・ミックス全体を「製品」として考えることができる。マーケティング・ミックスを4PとしてまとめたJ.マッカーシーは，マーケティング・ミックスの差別化を重視している。

1.2.2 製品の考え方

P.コトラーは，製品を図に示すような3層の構造で捉えている。

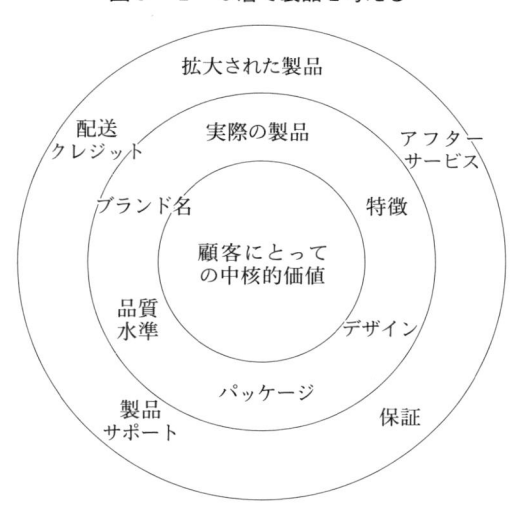

図8-2　3層で製品を考える

（図：3層の同心円。中心から順に「顧客にとっての中核的価値」、「実際の製品」（ブランド名、特徴、デザイン、パッケージ、品質水準）、「拡大された製品」（配送・クレジット、アフターサービス、保証、製品サポート））

中心にある「顧客にとっての中核的価値」をまず定義しなければならない。つまり，顧客はどんな問題を解決しようとして製品を求めるのかということをはっきりとさせなければならない。そしてこの提供しようとする中核ベネフィットを「実際の製品」として実現することになる。どのような品質でどのような特徴を持ったものとしてデザインし，どのようなパッケージにして，ブランド名はどうするか，といった決定をしなければならない。そして最後に，アフターサービスや保証，配送サービスやクレジット，製品サポートといった追加的なサービスを提供する（拡大）ことで差別化が行われるのである。

1.2.3 拡大部分の考え方

　製品がベネフィットの束であり，顧客がそうしたベネフィットを通じて自らの問題を解決し満足を得ているとすれば，そうしたベネフィットの提供の仕方をどのように考えたら良いであろうか。エイベルは，「顧客満足の氷山」という比喩でそれを説明した。次の図によって説明しよう。

　氷山は，水上にほんの一部しか顔を出していない。これまでの製品についての考え方で言えば，この部分が中核部分である。しかし，水面下には，見える部分とは比べものにならないくらい大きな部分が隠れている。これが，顧客満足を生み出す潜在的な可能性である。

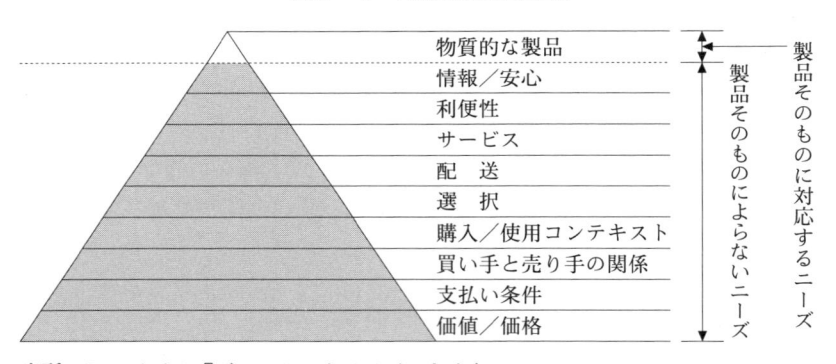

図8－3　「顧客満足の氷山」

ピラミッド（上から）	分類
物質的な製品	製品そのものに対応するニーズ
情報／安心	製品そのものによらないニーズ
利便性	
サービス	
配送	
選択	
購入／使用コンテキスト	
買い手と売り手の関係	
支払い条件	
価値／価格	

出所：D.エイベル『デュアルストラテジー』より。

　エイベルは，そうした可能性を9つ示して見せた。しかし，可能性はこれにとどまるものではない。これらを複数組み合わせても良いし，創意工夫によって，さらに顧客満足の提供次元は拡大されるだろう。

　たとえばパソコンを購入したとしよう。迅速な配達，故障したときのための補修サービス，さらに，修理の際にパソコンのある場所までとりに来てくれるとか，初期設定のサービスや使い方の指導をするといったサービス，支払いにあたってのボーナス一括払いといったサービスを提供することで，顧客満足を高めることができる。

顧客がどのようなベネフィットを求めているか（顧客にとっての中核的価値）がポイントなのである。

1.2.4 主要な製品属性

製品は，様々な特性によってできあがっている。それを属性と呼ぶが，そうした属性にはつぎのようなものがある。

ブランド，パッケージ，ラベル，デザイン，色，サイズ，物理的特性，化学的特性，品質，さらには，説明書やマニュアル，アフターサービス，保証，といったものも含まれる。これらの属性によって，実際の製品とその拡大部分が構成されていくのである。

ここでは，これらのうち，ブランドとパッケージを取り上げることにしよう。

1.2.4.1 ブランド

最も重要な製品属性は，ブランドである。製品にブランドがつけられて販売されるようになったのは，現象だけを見るならばかなり古い時代にまで遡ることができる。製造元を明示するマークをつけて一種の品質保証を行うという行為は，それこそ古代社会にまで遡ることができる。しかし，今日のブランドとその当時のマークとを決定的に隔てているのは，もう１つの属性である包装（パッケージ）との併用である。「事前に」計量されて「事前に」包装され，ブランドによって識別できるようにし，広告を通じて「事前に」販売活動を済ませておくことによって，市場で他社製品との差別化を計り，それによって，小売業者による販売活動に依存することなく，ブランドで引きつけて指名購買をさせるというプル効果（引きつける効果）を産み出すことを可能にした。これが今日のブランドの本質である。

ブランドは，ブランド名とブランドマークから構成されていて，他の競合製品との差別化を行うためにつけられる。法的に保護されるように登録される場合「商標（トレードマーク）」と呼ばれる。

a．ブランドとその役割 （効用）

1) 品質の保証

製造者／販売者が特定できることで，品質の保証が得られる。消費者は，特

に再購入の際，前に購入した時と同じ品質が得られることを確信して購入している。逆に，製造者／販売者の立場から言えば，ブランドをつけるということは，常に安定的な品質を提供する義務を負うことになる。

　２）製品差別化手段として

　すでに述べたようにブランドは，パッケージおよび広告と合わせて用いることで他社製品との識別を容易にし，それによって製品差別化を行うとともに，消費者のブランド・ロイヤルティ（ブランド忠誠）を確立するための有力な手段となる。

　３）ステイタス／イメージ　など　社会的意味を伝える記号として

　さらに，ブランドというものが記号でありメッセージ性を備えているということから，それによって，たとえばステイタス・シンボルとして，あるいは，ある社会的グループや階層、準拠集団に属していることを示唆するという側面をもつ。

b．ブランド・エクイティ（ブランド資産）

　ブランドは，製品を他の類似製品と識別（さらには差別化）させる役割や，物理的／化学的な製品の機能面における保証や安心を与えるという役割だけでなく，社会的な意味やイメージを伝達する媒体という役割ももっていることはすでに述べたが，このようなブランドの価値は，一朝一夕に生まれるものではない。ブランドが広く知られ（ブランド・アウェアネス），そのブランドを強く好む人々（ブランド忠誠）が生まれ，市場における製品差別化が確立するのには長い時間がかかるからである。さらに，そのブランドを通じて一定の高品質が連想され（知覚品質），そのブランドをもつことで一定のイメージが形成される（ブランド連想），といった複合的な効果を生むブランドは，日本でいえば「のれん」のように，"無形の資産"という意味をもつようになる。また，企業にとっては，そのようにしてもたらされる消費者選好やロイヤルティ（忠誠心）によって，競合相手より高価格での販売が可能になる。こうした，ブランド名やシンボルにむすびついた無形資産の集合を表わす言葉として，「ブランド・エクイティ」が用いられるようになった。

ブランドは消費者の頭の中に存在していて，ブランドによって製品に対するイメージやある種の感情を抱き，製品の品質に対するイメージをすら左右する。顧客の自社製品に対する好みや愛顧をわしづかみにする重要な製品属性である。

c．ブランドをどのようにつけるか

個々の製品ごとの独立したイメージ形成を狙ったブランド政策としては，製品ごとに別々のブランドを用いる「個別ブランド政策」がある。また，いくつかの製品群ごとに「統一ブランド」を用いる方法もある。自動車メーカーが，排気量や市場でのポジショニングの違いごとに車種を分けるのがそうである。

ある種の製品や製品グループについて，それまでの企業イメージとは別のイメージを意図的に創りだしたい場合などに，意識的に企業名を消すかたちでこうした方法が用いられる。たとえば，資生堂のアユーラやイプサなどがそうである。直接には資生堂の製品かどうかは分らない。

企業名などを用いて統一的なイメージ形成を狙ったブランド政策。これには企業名のみを用いる場合と企業名と製品名を並記する方法とがある。前者は，企業がもつ良好なイメージのいわば傘の中に個々の製品を入れるという方法で，ファミリー・ブランドとも言われる。CMの後に必ず「目のつけどころがシャープでしょ？」といった言葉で締めくくるのもこの発想である。

後者の企業名を並記する方法は，一種の身元保証である。「アサヒスーパードライ」とか「キリン一番搾り」「サッポロ黒ラベル」などがそうである。

また，異なったカテゴリー内で，自社製品と補完的な関係を持つ製品を販売している有力企業と共同で展開する「コブランディング政策（co-branding）」たとえば，ナイキとアップルのiPodとの連携による「Nike + iPod」などがそうで，いわゆるコラボ製品である。身近なものでは，クレジットカードなどを挙げることができるだろうし，イオンとセブン&アイがサントリーと共同で発泡酒や第三のビールを出したり，といった試みが活発である。

d．ブランドのジェネリック・ネーム化

製品が成功してポピュラーになればなるほど，ブランド名がジェネリック・ネーム化（一般名称化）してしまう。「セロテープ」や「バンドエイド」，「宅

急便」などがそうで，他の宅配便に出すときでも，「宅急便を出しに行く」などと言ってしまう人は少なくないだろう。

　ジェネリック・ネーム化は，一方でその製品が市場で大成功したことを意味するが，ほとんど品質や機能上差のない競合製品が出回り，現行の製品機能が当然品質化してしまっていることを意味している。市場がすでに成熟状態に移行してしまっているのである。したがって，何らかのかたちで再度差別化を図り，拡大製品にしようとする場合には，企業名を併用することで，類似製品との差別化が再度試みられる。「クロネコヤマトの宅急便」と呼ぶようにするのがそれにあたる。

e．ナショナル・ブランド（NB）とプライベート・ブランド（PB）

　全国的に売られているという意味合いでナショナル・ブランドと呼ばれている製造業者ブランドに対して，流通業者が開発し販売するプライベート・ブランド（ストア・ブランドとも言う）が普及してきている。ジャスコのトップバリューやセブンイレブンのセブンプレミアムなどが代表的なところである。また，欧米のCostcoやWal-Martも有力なPBを出してEDLP（Everyday Low Price）を展開している。EDLPは，NB製品を通常価格より安売りすることで集客しようとするスーパーのHi-Lo価格政策（high-low pricing）に対して，PB製品を常に安く提供する政策を意味している。

　近年のNBとPBとの……したがって，メーカーと大手小売業との……競争は，ブランド・エクイティの戦いであると言えるだろう。メーカーが築いてきたブランド力が流通業者がより安く提供するPB製品によって浸食されることを意味するからである。

　従来は中小のメーカーにPB製品を作らせるというパターンが多かったが，今日では，NBメーカーが自らPB製品を手がけたり（OEM：相手先ブランドによる生産）するケースが増えてきている。セブンプレミアム製品の多くは，このようなかたちで開発され提供されている。

1．2．4．2　パッケージ

　パッケージは，1次包装，2次包装，輸送用包装からなり，たとえば，製品

そのものを入れる容器，それを入れる箱，それらを入れて配送するための段ボールなどの包装がそれぞれ対応する。

パッケージの第一の役目は製品の保護にあるが，店頭でのディスプレイでは消費者に対するPOP（購買時点）広告の役目も持ち，また，成分表示などを通じて消費者に製品情報を伝える大切なメディアにもなっている。スーパーやコンビニエンス・ストアでのように，まず店頭に来てから何を買うかを決めたり，衝動的に購入したりする場合には，パッケージが重要な購入決定要因になる。

パッケージについてもう1つ述べておかなければならないことは，環境問題との関連である。消費の時点で製品を保護する役目を終えた包装や容器は，そのままゴミになる。

これまで，とかく包装は過剰に行われてきた。菓子類など，箱や袋を開けると，さらにその中の1つひとつが個装されている。湿気を防いだり食べやすくするための工夫であるが，過剰包装であり，しかも様々な包装材が使われているため，ゴミとなった場合に分別が難しい。

これら包装材を資源としてリサイクルすることが世界的な趨勢になってきている。日本でも，2000年から容器包装リサイクル法が全面実施になり，いろいろなプラスチックや紙容器がリサイクル対象になった。したがって，これからは，リサイクルしやすいかたちで包装材を考えていくことが必要になる。

2　製品ラインと製品ミックス

2.1　製品ラインと製品ミックス

製品ラインは，相互に関連のある製品グループのことを言い，取り扱う製品ラインと製品アイテムの全体を製品ミックスという。

製品ミックスは，ラインの広がり（ラインの数）と深さ（ライン内のアイテム数）と，全体としての一貫性で把握される。たとえば，スポーツ用品の専門店であれば，ゴルフやテニス，水泳といった競技用の製品ラインをどのくらい

揃えているか，それぞれの競技のためのアイテム数やサイズをどのくらい用意しているかということが広がりと深さである。そして，スポーツ全般についてまんべんなくラインとアイテムを用意しているか，たとえば，登山用品であればそこに行けばどんなものも手に入れられるといったように品揃えを事業目的に即して，深く一貫して行っているかどうかが一貫性（整合性）である。

　企業は，製品ラインを拡張していくが，その場合2つの方法がある。(Armstrong and Kotler, 2009, p208) 一つはラインを埋めるという形であり，もう一つは，ラインを伸ばすというかたちである。前者は，既存のラインにアイテム数を加えていくことであり，後者は，既存の製品ラインを超えて拡張していくことである。たとえば，より高額で高級なアイテムを加えていくか，逆により廉価で手頃なアイテムを加えていくか，という方法があるが，いずれの場合も，現時点での企業イメージやブランドイメージによって，難しい場合がある。高級ブランドであったはずが廉価品ブランドを販売することで，高級イメージに傷がつくといった場合である。アメリカにおいてホンダやトヨタ，日産が，当初小型車で参入したが，徐々に，アキュラやレクサス，インフィニティなど排気量の多いより大型の高級車へとうまくライン拡張を行っていったのは，成功したケースであろう。より廉価なものを導入していくケースとしては，たとえば株式会社ファーストリテイリングの，ユニクロよりも低価格帯のg.u.の展開を挙げることができる。

2.2　製品分類

　これまで消費者が購入する製品を想定して述べてきたが，基本的には，消費者用の製品（消費財）の他に消費者以外の業務用の製品があることを付け加えておこう。こうした購入は，組織によるだけでなく個人でもあり得るが，個人的な消費のためではなくさらにその製品を加工したり業務用に使用するために購入される場合である。

　最終消費者が個人的な消費のために購入する製品は，伝統的に，便宜品，買回品，専門品に分類されてきたことは，すでに述べた通りである。

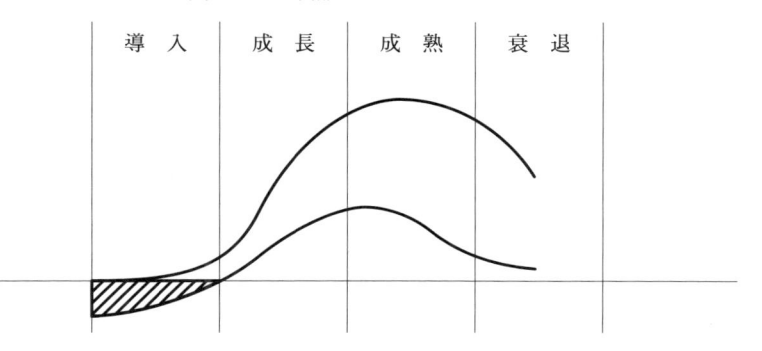

3 製品ライフ・サイクル

　製品ライフ・サイクル概念の基本的考えは，生物のようにどんな製品にも寿命というものがあって，その一生を，市場への「導入（誕生）」,「成長」,「成熟」,「衰退」，そして「廃棄（製品生命の終わり）」といった段階によって区切って考えることができるとするものである。段階の区分には論者によって若干の違いがあるが，基本的なプロセスは同じである。

　製品ライフ・サイクルは，縦軸に金額をとり横軸に時間の経過をとって，売上高と利益の時間的な推移を図にしたものである。通常は，図3－4に見るように，S字形の曲線を描くものとして理解されている。個々のケースでは，このように典型的なS字を描くことは必ずしも多いとはいえないが，おおむねこのような時間的変化をすると考えられている。そして，製品の市場への導入とともに市場における競争の状況が逐一変化していくのであるが，それを，この各段階によって区切ることである程度類型化し，各段階に相応しいマーケティング・ミックスを編成することが可能になるとされている。

　製品ライフ・サイクル を見る場合のポイントは，図に示した2本の曲線である。売上高曲線を示す1本目の曲線の下に描かれている2本目の曲線は利益

図8－4　製品ライフ・サイクル

曲線で，タイムラグをともなって同じようなＳ字カーブを描いているが，この
ズレが重要な意味をもっている。

　利益曲線は導入初期にはマイナスでやがてプラスに転じる。成長期に売上高
曲線と共に急速な上昇を見せ，やがて成熟期には早くも下降し始める。これは，
競争が激しくなるために，プロモーションや値引き，おまけの添付などの販売
努力が必要となり，それが利益部分を圧迫し始めるからである。このことから，
売上高でなく利益を見なければならないということが言われることになる。そ
れ以上に注意しなければならないのは，このような売上高と利益とのズレに着
目することによって，その製品が 製品ライフ・サイクル のどの段階にさしか
かっているかを把握し，次の手を打つことができるという点である。たとえば，
売上高が伸びているにもかかわらず利益が頭打ちになっていることが発見され
れば，それによって自社製品がすでに市場において成熟段階に突入している可
能性があることを理解することができる。とすれば，このことを素早く察知し
て，競合他社以上に積極的なプロモーション努力を行うことでさらに売上を伸
ばし，他方で次の製品の開発に力を入れる，といった対応をとることができる
のである。

導入段階：

　一般に，導入段階においては，新製品であるわけであるから，その製品の存
在やメリットなどを知らせなければならない。広告の性格は，差別化を主眼と
するよりもその新規製品に対する基礎的需要（一次需要）を開拓するという性
格の方を強くもっているとされている。チャネルについては，既存のチャネル
で十分な場合もあれば新規に開拓する必要がある場合もある。価格については，
早期に開発費用の回収を狙って高価格政策を採る場合と，需要の拡大を狙った
低価格政策（浸透価格政策とも言う）を採る場合とがある。

成長段階：

　成長段階では，競合他社が参入してくるため，製品そのものの差別化と，広
告についても，基礎的需要の開拓という性格から選択的需要を産み出すことに
力点が移行する。チャネルに対しては，一層のプッシュが行われ，いろいろな

形で奨励金などが利用されるようになる。価格についても，引き下げが必要となってくる。

成熟段階：

成熟段階では，成長後期の特徴がより強化された形で現われる。つまり，マーケティング・ミックスの各要素について，さらにいろいろなことが行われる。成熟段階初期には，売上高は引き続き上昇するが，その伸びは徐々に緩やかになりやがて頭打ちになる。差別性も減少し，企業は製品に色々な手直しなどの手を加えたり製品のバラエティを増やしたりする。また，成長段階に参入してきた企業の中で，早々と撤退するものも出てくる。広告と連動したおまけ付き販売などの販売促進活動が多用され，実質的な価格競争の様相を呈する。

衰退段階：

衰退（ないし販売減少）段階では，ヘッドフォンステレオがMDプレーヤーによって置き換えられていったように，別の製品で置き換えられてしまうことによって，実質的に需要が減退してしまう。したがってこの段階での定石は撤退であるが，場合によっては，生産規模を縮小しマーケティング活動を最小限にすることでコストを最小化し，規模が小さくなった市場の中で安定的な事業活動を行うという選択肢も存在する。また，再ポジショニングを行って，新たな市場を開拓する。たとえば，カラオケボックスは主に若者を対象にしているが，年輩者をターゲットとして再ポジショニングすることも可能であるし，あるいはまた，年輩者にファンが多い競馬を若者向けに市場開拓するという逆のケースも考えられる。

あるいはまた，全く新しい用途を開拓して新しい市場をスタートさせると言うことも可能である。古典的な例になるが，ベーキングパウダーは，冷蔵庫の防臭によいとされて全く新しい市場を生み出した。ひょっとして，風呂場のカビ防止によいとされるお酢も，第2のベーキングパウダーになるかもしれない。

参考文献

エイベル，D.（1997）（小林　一・二瓶喜博訳）『デュアル・ストラテジー』白桃書房。

Armstrong, Gary and Kotler, Philip (2009), *Marketing—An Introduction*, nineth edition, Pearson Prentice Hall.

Kotler, Philip (1994), *Marketing Management—Analysis, Planning, Implementation, and Control*, eighth edition, Prentice Hall.

マッカーシー, J. (1975)(粟屋義純監訳)『ベーシック・マーケティング』東京教学社。

二瓶喜博 (1996)『商品開発論』産能大学。

二瓶喜博 (2002)「商品概念と製品概念の検討」亜細亜大学『経営論集』第37巻第1・2合併号。

二瓶喜博 (2008)『製品戦略と製造戦略のダイナミックス』五絃舎。

第9講　価格の戦略

> **キーワード**
>
> 価格戦略, 価格目標, 価格弾力性, コスト, コストプラス法, 知覚価値価格設定, 市場価格基準法, 入札価格法, 上層吸収価格戦略, 浸透価格戦略, 製品ミックスの価格設定, 価格調整戦略

1　価格戦略と影響要因

1.1　価格戦略の考え方

　一般に，価格とは製品やサービスに対して課された金額（貨幣量）をいう。より広義には，価格とは製品やサービスの所有や利用から得られる効用と交換に消費者が支払う価値の総称である。マーケティング・ミックスにおいて，価格は収益を生みだす唯一の要素である。他の要素は全て費用になるからである。また，価格は，製品や流通チャネルと違って，迅速に変更することが可能であり，柔軟性に富む要素である。同時に，価格設定と価格競争は多くのマーケティング・マネジャーが直面している最大の問題でもある（コトラー／アームストロング，p.350）。

　価格戦略は企業の内部要因と外部要因の両方から影響を受ける。次項でより詳しく説明するが，主な内部の影響要因には価格目標，コスト，マーケティング・ミックス，企業資源があり，外部影響要因には市場（競争），需要，その他の環境要因がある。

　そこで，価格戦略は価格目標の実現に向けて他のマーケティング・ミックス要素との統合・調整をはかり，同時に他の多くの内部・外部の影響要因を戦略

的な視点から検討して企業の価格問題に最善の解決策を提示することである。

　価格戦略は内容によって，価格設定戦略と価格調整戦略に区別できる。前者はマーケティング全体の視点から個々の製品，製品グループおよび個々の製品間の基本価格（表示価格）ないしは価格水準を決定することである。たとえば，新製品や製品ラインの価格設定である。後者は設定された基本価格を流通段階や市場領域において需要や競争状況の変化あるいは顧客や地理的条件などに応じて適切に調整し必要に応じて修正・変更していく戦略である。本章では価格設定戦略を中心に説明する。

1.2　価格設定に影響を及ぼす内部要因
1.2.1　価格目標

　価格設定における目標は価格戦略を推進し目標達成手段を規制する重要な要因である。価格目標には，目標利益，売上高の増大，市場占有率の増大，価格とマージンの安定化，競争企業に対抗または追随，企業やブランドのイメージアップ，環境保全や社会的責任の遂行などがあり，それぞれの目標達成をめざした価格が設定される。たとえば，売上高や市場占有率の増大を目標とする時には，価格はできるだけ低く設定されるだろうし，目標利益の最大化やブランドのイメージアップを目標とすれば，価格は相対的に高く設定されよう。

　ここで注意すべきは，これらの多様な目標の根底に，企業は「長期的利益の最大化」という究極的な価格設定目標をもつことである。長期的利益の最大化という目標達成のための戦略的手段が，上の多様な目標群である。たとえば，目標利益は投資額とか売上高などに対する比率で示されるが，それは実際に獲得可能な最大値より低い利益が意識的に設定される。しかし，そのことは最大利益の放棄ではなく，競争や社会性などの諸状況に配慮して計画された数字であり，それが長期的利益の最大化につながると考えるからである。

1.2.2　コスト

　価格設定において，市場と需要はその製品に付けることのできる価格の上限を決めるのに対し，コスト（原価）はその下限を定める。なぜなら，企業の存

続・発展の基盤は利益にあり，長期にわたりコスト以下の価格を採用し続けることはできないからである。

コスト概念は複雑であるが，一般には，固定費と変動費に大別できる。前者は，賃貸料，設備の減価償却費，給料，光熱費，利息など生産高や売上高にかかわらず固定的に必要な費用である。後者は，原材料費，外注加工費，仕入原価，消費税など生産高や売上高に比例して変動する費用である。総コストは特定の生産水準についての両者の合計であり，少なくともこの総コストを償うような価格設定をめざす。また，コストは，たとえば，現在の原材料費のほかに，原材料価格の動向とか環境保全費用や社会貢献費用といった要素も織り込んで，総合的に検討することが大切である。

1.2.3 マーケティング・ミックス

価格はマーケティング・ミックスの1要素であり，マーケティング戦略を強化する役割を担っている。製品，流通チャネル，プロモーションの各戦略とマーケティング目標に沿って，統合されなければならない。

たとえば，高品質の製品イメージや完全サービスのマーケティングが要請されているときに，低価格戦略は採るべきではない。一般に高品質の製品には，より多額の研究開発費，品質イメージを損なわない流通チャネル選択，より多額のプロモーション費用を必要とし，したがって十分なマージンが必要とされるからである。このように，価格を設定するときは全体的なマーケティング・ミックスを考慮しなければならない。

1.2.4 その他の企業資源

ヒト，モノ，カネ，情報という企業資源の相対的な強み弱みも価格戦略に影響を及ぼす。①高品質製品の製造を可能とする熟練労働者や優秀な販売員など，会社の人材，②工場，物流施設，営業所などの物的設備の能力や立地，③環境変化と競争に対応できる資金，④原材料資源の確保能力，特許，企業やブランドのイメージなどの諸要因を考慮する必要がある。

1.3 価格設定に影響を及ぼす外部要因

1.3.1 市　　場

コストが価格の下限を決めるのに対して，市場と需要は価格の上限を決める。

市場（競争）では，競争企業の数と製品差別化の程度によって特徴づけられる市場競争のタイプが企業の価格設定行動の大枠を規定する。ここでの説明を省くが，経済学で言う純粋競争（完全競争），独占的競争，寡占競争，独占という4つの競争構造のどれにどれくらい類似しているかを分析する。そして競合する製品の価格・品質・コストの情報をはじめとして，競争企業の数，潜在的な競争の可能性とその時期，価格目標，代替製品の価格，自社の価格戦略に対する競争企業の反応などを検討する必要がある（大江，pp.128-130）。

1.3.2 需　　要

需要の価格弾力性，需要量の見通し，消費者の購買力，価格に対する消費者の知覚などの影響要因を考慮しなければならないが，ここでは基礎知識として重要な需要の価格弾力性だけを少し詳しく説明する。

需要の価格弾力性（price elasticity of demand）とは，ある製品の価格を1％値上げしたら，製品需要は何％減少するか，あるいは価格を1％値下げしたら，需要は何％増加するかをみる数値であり，公式は次のようになる。

$$需要の価格弾力性（E）= \left| \frac{需要量における相対的変化率（\%）}{対応する価格の相対的変化率（\%）} \right|$$

たとえば，1個5,000円の価格で100個売れている製品について，価格を4,000円に値下げしたとき（値下げ率20％），150個売れたとすれば（売上増加率50％），Eは2.5（50％÷20％）である。他方，同じ例で価格を4,000円に値下げしても110個しか売れなかった場合には（売上増加率10％），Eは0.5（10％÷20％）となる。経済学では，Eの数値（マイナスのときは絶対値）が1より大きい時は価格は弾力性が大きいといい，1より小さい時は価格は弾力性が小さいといっている。

需要の価格弾力性が大きい（E＞1）ときは，価格の変化率よりも売上ない

しは需要の変化率のほうが大きいので，値下げすれば全体の売上額は増える（5,000円×100個＝50万円＜4,000円×150個＝60万円）。逆に値上げすれば全体の売上額は減ることになる（たとえば，上の例で価格を6,000円に値上げしたとき，売上70個に減ったとすれば，6,000円×70個＝42万円で，50万円より少なくなる）。

他方，需要の価格弾力性が小さい（$E<1$）ときは，価格の変化率に比べて売上ないしは需要の変化率が小さいので，この場合には値下げしても売上はさほど増えず，全体の売上額は減少する（4,000円×110個＝44万円＜50万円）。逆に値上げすれば，売上はさほど減らないのだから全体の売上額は増加する（たとえば，6,000円に値上げしても90個売れたとすれば，6,000円×90個＝54万円＞50万円）。図9－1はこの様子をグラフ化したもので，（A）と（B）の曲線は，それぞれ，弾力的需要と非弾力的需要を示している。

価格弾力性の概念は，価格を変化させるときに，製品種類によって売上額（総収入）がどう変化するかを知るうえで有用である。需要が弾力的か非弾力的かを見誤った価格戦略を採用すれば，成果が期待できないばかりか，大きなリスクを負うことにもなりかねない。一般的には，宝飾品，自動車，家具，薄型テレビなどのように，奢侈品，高額品あるいは代替品が多数ある製品は弾力的であり，食塩，タバコ，ガソリンなどのように，必需品，非高額品あるいは代替品の少ない製品は非弾力的であるといえる。

1.3.3　法的規制・その他

企業のマーケティング活動は，様々な法律による規制や行政による指導を受けており，価格戦略においてもまず法令遵守が求められることになる。価格戦略に関わりの深い法律は，わが国においては独占禁止法と景品表示法がある。さらに消費税法や資源循環型社会形成に関わる各種のリサイクル法なども消費者の支払い金額に影響を及ぼす。

さらに，企業の社会的責任（CSR）も考慮に入れなければならない。エイズの例でみてみよう。HIV感染／AIDSの流行は世界的な問題だが，エイズ患者とエイズによる死者はアフリカやアジアの最貧の途上国に集中している。一

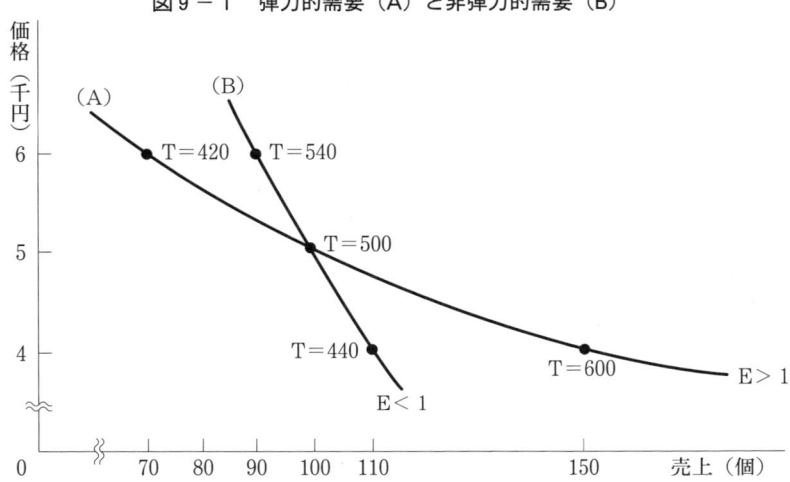

図9−1 弾力的需要（A）と非弾力的需要（B）

価格（千円）軸に (A), (B) の曲線。点: (70, 6) T=420, (90, 6) T=540, (100, 5) T=500, (110, 4) T=440 E<1, (150, 4) T=600 E>1。

方，欧米の製薬会社が販売する各種のエイズ特許治療薬は，それを緊急に必要とする途上国の患者にとっては高嶺の花で手が届かない価格となっていた。特許治療薬を途上国向けに特別価格で提供して欲しいという国際社会の要請や安価なコピー治療薬の出回りに対抗する形で，製薬各社は途上国向けのエイズ治療薬の価格を大幅に値下げしたり，一部を無料提供する会社も出ている。国際社会における製薬の特許保護と患者救済を巡る難しい問題だが，価格設定を社会利益の観点からも勘案しなければならない例といえよう。

2 価格設定の基本的アプローチ

実際の価格設定には多くの手法があるが，コスト，知覚価値（需要），競争のいずれかを重視したタイプが基本になるので，本節ではこれらの基本的手法の代表例を説明しよう。

2.1 コスト重視型の価格設定：コストプラス法

コストプラス法（原価加算法）(cost-plus pricing) はコスト（原価）重視

型の代表的方法であり，多くの企業で利用されている。つまり製造コスト（または仕入コスト）に，一定率（額）のマージンを加えて価格とする方法である。この場合マージンは製造コスト以外の営業費をカバーし，さらに一定の利益が得られるように決定される。マージン（margin）とは，「価格マイナス製造コスト（仕入コスト）」のことで，利幅とか粗利益ともいわれる。このマージンの価格に対する割合をマージン率（利幅率）という。また製造コストに一定のマージンを加えて価格とする場合を，マークアップ（markup）または値入れといい，製造コストに対する割合を，マークアップ率（値入率）または加算率という。たとえば，小売価格180円の緑茶は，仮に小売店の仕入コストが130円であるとすれば，小売店の利幅は50円で利幅率は27.8％，値入率は38.5％となる。もし小売店の利幅50円のうち，営業費を30円と見積もれば，予定利益は20円となる。

　ところで，このコストプラス法が広く利用されているのは，次のような利点による。①コストは価格の下限を決める目安となるので，一定の利益を確保できる安全な方法であること，②コストに最大利益ではなく適正利益を加えるのならば，社会的にみても一応合理性があること，③製品や生産方法が類似している企業がすべてこの方法を採用する場合にはコストやマージンも類似したものとなり，その結果価格も似たものとなって直接的な価格競争を回避できること，④価格設定方法が簡単であることなどである。

　しかし反面，次のような欠点がある。①コスト面から設定されるので，前節でみた多数の影響要因，なかでも需要や競争の要因を無視している，②そのことは，価格，コスト，生産高（販売高）の三者の相互作用関係，つまり製品1単位当たりのコストは生産高（販売高）とともに変化し，販売量は価格に依存している点を考慮していない，③肝心のコスト概念が不明確な場合が少なくなく，したがって適正なマークアップの計算もはなはだ不確実である。

2.2　知覚価値重視型の価格設定（value-based pricing）

　買い手は製品の購入にあたって価格を製品の価値判断のモノサシとする。も

し，製品価値≧価格，の関係が成り立つならばその製品を購入するであろうが，製品価値＜価格，と判断するならば価格は「高すぎる」として購入しないであろう。消費者が知覚する価値は，品質，機能，ブランド，デザイン，サービスなどマーケティング・ミックスにおける多様な非価格的要素によって形成される。

そこで，売り手側のコストの重視ではなく，消費者が知覚する価値に適合するように価格を設定するのが知覚価値の価格設定である。コスト重視型と知覚価値（需要）重視型の価格設定のプロセスを比較すると理解しやすい。

① コスト重視型 　製品 ⇒ コスト ⇒ 価格 ⇒ 価値 ⇒ 顧客
② 価値重視型 　顧客 ⇒ 価値 ⇒ 価格 ⇒ コスト ⇒ 製品

コスト重視型の価格設定は，製品（企業側）主導型である。製造費用に利益を乗せて価格を決め，それからマーケティングによって，その製品価値が価格に見合うものであると，顧客を納得させなければならない。説得できない時は価格を引き下げざるを得ない（コトラー／アームストロング，pp.366-367.）。

価値重視型の価格設定ではプロセスが逆転する。製品価値に対する顧客の知覚に基づいて価格を設定し，この価値と価格が発生しうる費用を決定する。結果的に，価格設定は消費者のニーズと製品価値に対する知覚を分析することから始まり，消費者が知覚した価値に見合った価格が設定される。ただし消費者にとって「価値イコール安さ」ではない。したがって，このアプローチは単なる低価格路線ではない。「より良いものをより安く」提供することであり，顧客が求める価値を与えられるような品質と価格の絶妙なバランスを探ることである。近年の1,000円を切るジーンズなど低価格商品の数々は，こうした例が多い。

2.3　競争重視型の価格設定

このタイプは競争企業の価格を主たる基準として価格設定を行うもので，市場価格基準法と入札価格の設定が代表的である。

2.3.1　市場価格基準法

これはコストや需要よりも市場価格を重視して，業界の平均的水準に価格を設定しようとする。この場合，市場価格と同じか，いくぶん低く，あるいはいくぶん高く設定する方法がある。この中のどれを選ぶかは競争企業と自社を比較した場合の製品，ブランド，販売方法，販売地域などの非価格要素の優劣とか，業界におけるプライス・リーダーシップ（価格先導制）の有無や，市場占有率の地位などによって違ってくる。

この価格設定法は容易ではあるが，一般にコストや需要とは無関係に設定されるために非常に危険な一面をもっている。たとえば，競争企業の価格引下げが生産・販売の効率化によってもたらされたものである場合に，単純にその価格に追随すると，その企業の利益や成長に大きな障害となりかねない。

2.3.2 入札価格法

この方法は，独創的なプロジェクトを進めようとする場合とか公共施設の建設とかで，企業が入札制によって請負仕事を獲得しようと競争する場合の価格設定である。

入札はふつう封印入札（sealed-bid）によって行われるので，各企業の提示する入札価格がいくらであるかは，入札を開封するまでわからない。入札企業の目的は請負仕事の落札（契約）であるが，それはその企業がどの企業の札よりも低い価格をつけたときにはじめて実現される。そこで入札価格は，コストや利益より競争企業の価格づけを予想して設定されなければならない。ところが，一般にコスト以下の価格を設定したのでは，落札してもかえってその企業にとってマイナスであろう。そこで，利益の大きさと落札のチャンスという相反する要素を考慮しながら，その企業にとって最も有利な入札価格を設定しなければならない。

3 価格設定戦略

3.1 新製品の価格設定戦略

基本は，製品が差別化され競合品のない製品ライフ・サイクルの導入期にお

ける新製品の価格設定である。しかし，新製品といっても機能的にユニークな革新的新製品と，既存製品の改良品とか新ブランドとかの模倣的新製品を区別したほうがよい。

　革新的新製品の場合，先例も資料もないので多くの困難を伴うことが少なくない。製品差別化が著しく競合品もない場合，価格設定における自由度は大きいがやがて競争によって浸食されるので差別化はそれほど長く持続しないのが現実である。そこで，新製品の市場受容の特質や競争の可能性を考慮して2つの対照的な価格設定が検討される。

3.1.1　上層吸収価格戦略 (skimming pricing strategy)

　これは初期高価格戦略とも呼ばれるもので，はじめに相当高い価格を設定して需要の最上の部分を吸収し（クリーム・スキミング），その後価格を引き下げていくという戦略である。たとえば，半導体メーカーのインテルは，はじめてペンティアム・プロセッサを出したとき，価格は1,000ドルに設定した。その結果，ペンティアム搭載パソコンは高額であり，企業や特別のユーザーだけが顧客だった。しかし導入期を過ぎるとペンティアムの価格を大幅に引き下げ，結果としてペンティアム搭載パソコンは家庭で購入できる価格帯まで下がった（コトラー／アームストロング，p.373）。

　上層吸収価格戦略は，競争製品が出現する前の短期間のうちに可能なかぎりの利益獲得を狙いとしている。それは次の理由による。

① 多額の開発費の早期回収に貢献すること。
② 導入期に必要な生産費，販売費などの多額の資金を当初の高価格でカバーすること。
③ 需要の価格弾力性の違いに応じて市場をセグメント化できること。つまり，はじめに比較的価格感度の鈍い市場の上層部分をとらえ，その後競争状況をにらんで価格を下げていけば，より弾力的な市場セグメントを開拓できる。
④ 特許の保護などがあれば競争企業に対する参入障壁が高いこと。
⑤ 高品質イメージの創造を可能とすること。

3.1.2 浸透価格戦略 (penetration pricing strategy)

　これは初期低価格戦略とも呼ばれ，革新的な新製品の価格を導入当初から低い価格に設定し，製品ライフ・サイクルの早い段階で大きな売上高と市場占有率の獲得をめざす戦略である。たとえば，デルは，通信販売やインターネットのチャネルを通じて高品質のパソコン製品を低価格で販売し，売上を急増させた。

　上層吸収価格戦略が市場浸透の段階で，それぞれ一定の利益を確保していく安全な策の意味で消極的な価格戦略であるのに対し，浸透価格戦略は積極的な戦略であるともいえる。それだけにリスクも大きいので，周到な調査と予測，そして決断を必要とする。この戦略を採用するときの一般的条件は次のような場合である。

① 短期間に大きな価格弾力性が期待できるとき。つまり価格が高くともその新製品を望む上層の消費者が少なく，逆に価格を安くすれば短期間に大きな売上増加が見込まれる場合である。

② 大量生産によるコストの節約が非常に大きく予想されるとき。当初に利益は上がらないが，シェアを獲得して大量生産に入ってからは，継続的に一定の利益を確保できる。

③ その新製品が直ちに消費者の支出項目の中にはいっても不自然はないような性格の製品である場合。ボールペンやインスタント食品などはその代表例。

④ 滞在的競争の脅威が非常に大きい場合。すなわち，競争企業による強力な競争製品が遠からず市場へ導入されることが予想される場合。

　ところで，模倣的新製品の場合は，企業は製品を品質と価格に関して，どこに位置づけるかを決めなければならない。たとえば，ボールペンや万年筆に見られるように，使い捨ての100円程度の価格から数万円までの価格設定の幅がある。潜在顧客のニーズを的確に把握するとともに，価格をそれに適合させて設定することが求められよう。

3.2　製品ミックスの価格設定戦略

　その製品が製品ミックスの一部分である場合，企業はミックス全体の利益を最大にするような価格の組み合わせを求める（コトラー／アームストロング，pp.374-377）。しかしながら，あらゆる分野・種類の製品・サービスの価格がウェブサイトで瞬時に検索・比較が可能になっているので，単一製品の価格であれ，製品ミックスの価格であれ，価格設定における戦略的観点がより重要になっている。

3.3　価格調整戦略

　価格調整戦略では，販売段階での買い手の特定の状況に応じて基本価格を値下げしたり，いくつかの差別的な価格を設定したりする。価格調整戦略はマーケティング戦略，市場細分化，市場拡大，競争対応，生産費の削減などの目的をもって行われる。価格調整の手段では、さまざまな価格割引（discount）が一般的に利用されている。

参考文献

コトラー／アームストロング（1999）（恩蔵直人監修）『コトラーのマーケティング入門（第4版）』ピアソン・エデュケーション／トッパン。

大江宏稿（1988）「価格戦略」，三上富三郎編著『新現代マーケティング入門』（実教出版）所収。

亜細亜大学経営学部マーケティング研究会編（2002）『マーケティング入門』五絃舎。

小坂恕（2002）『マーケティング・マネジメント論』有斐閣。

嶋口・和田・池尾・余田（2004）『マーケティング戦略』有斐閣。

第10講　流通チャネルの戦略

> **キーワード**
>
> 伝統的流通チャネル,　開放的チャネル政策,　排他的チャネル政策,
> 選択的チャネル政策,　垂直的マーケティング・システム（VMS），
> 企業型VMS,　管理型VMS,　契約型VMS,
> パートナーシップ・マーケティング

　流通チャネルとは，メーカーから最終ユーザーへ製品が渡るまでの場所（メーカーの立場で言えば販売経路）のことであり，その戦略（あるいは政策）は「流通チャネルの選択」と「流通チャネルの管理」に大別できる。いったん流通チャネルを選択し構築したならば，そう簡単には大きな変更はしにくい。そのことは，商品価格の変更や，宣伝方法の変更に比べれば，容易なことではないことは十分に想像できるだろう。

　その意味で，流通チャネル政策は，マーケティングの4Pの他の政策に比べ，長期的かつ高度に戦略的な意思決定と捉えることができ（和田・恩蔵・三浦，p.237），流通チャネル政策を自己に有利に展開することは売上高および利益の拡大に直結する。家電業界におけるパナソニック（旧：松下電器産業）のかつての優位は他の電機メーカーに先駆けて自己の流通チャネルをいち早く質的・量的に完備させたためといわれている（久保村ら，pp.230－231）。

　なお，マッカーシーによる「マーケティングの4P」における場所（Place）には，本講の中心テーマとなる「流通チャネル」の他に，カバレッジ，立地，在庫，輸送といった内容も含まれていることには，注意をしておいた方が良いかもしれない（ファイフィールド，p.259）。

1　流通チャネルの選択

1.1　伝統的な流通チャネル類型と垂直的マーケティング・システム（VMS）

　伝統的な流通チャネル類型を考える際，「チャネル選択に関わる政策として，コープランド（M.T.Copeland）が理論的基礎を築き，その後の研究者によって類型化された，開放的，選択的，排他的という3つのチャネル政策がある」（和田・恩蔵・三浦，pp.237-238）。

　①開放的チャネル政策は，食品や日用雑貨品など最寄品の流通に多く見られるもので，消費者の購買頻度の高さに適合するようにできるだけ多くの小売店に配荷するものであり，そのためにかつては，多くの卸売業者を用いた典型的なチャネル政策であった。ただ，現在われわれは，大手のコンビニエンスストアやスーパーで買物をすることが多いので，それらの商業者は，多くの中小卸売業者を整理・集約し，多くの商品を一手に取り扱うことのできる数社（あるいは場合によっては1社）の大手の卸売業者（これらの卸売業者は「窓口問屋」と呼ばれることがある）のみと取引を行う傾向が強くなっている。いずれにしても，これは大手の小売業者がかつてに比べて，力をつけてきた証（これをバイイングパワーと呼ぶ）であり，メーカーにとっては，流通チャネル・コントロール力が最も弱い政策である。

　②排他的チャネル政策は，自動車などの専門品やいくつかのファッション・ブランドなどに見られ，ブランド・イメージの維持や消費者への高度なサービス提供の必要性から小売店を限定するものであり，メーカーのコントロール力が最も強い政策である。

　③選択的チャネル政策は，上記両者の中間にある形態である。メーカーの製品を進んで取り扱う業者を1人以上選択的に使用する。メーカーは，より優れたコントロールと，より安価なコストで広い市場カバレッジを達成することができると考えられ（和田・恩蔵・三浦，p.238），いわゆる「流通チャネルの系列

化」とは通常，この政策を指す。

　なお，上記以外に，第4のチャネル政策として，直接的流通チャネル政策をあげることもできる。メーカーから流通業者を使わずに，われわれ消費者に商品を提供する方法であって，伝統的な通信販売等も含まれるが，最近ではインターネットに代表されるICT技術を活用して消費者の個別反応をデータベース化して直接的に働きかける，いわゆるダイレクト・マーケティングを活用する事例が増えている（井原，pp.222-223）。

　現実の流通チャネルを，最寄品，買回品，専門品を基に，対等に（？），上記3つに分類して（便宜上，ここでは第4の流通チャネル政策は除外する）流通チャネルを考察する観点は，理解しやすいが，今となっては，あまりに古典的すぎる感じは否めない。

　そこで，このような「伝統的流通チャネル論」よりは，排他的流通や選択的流通に代表される，メーカーによる流通支配を前面に出して，流通チャネルを捉えた方が，より現実を直視しているのではないかとの考えで，その後（1950年代以降），展開されたのが，メーカーによる「垂直的マーケティング・システム（VMS）論」である。

　VMSは，長期的な取引関係をめざして，本稿ではメーカーを中心に組織化される形態を中心として議論を展開するが，VMSの主人公は何もメーカーだけとは限らない。最も効果的・効率的にVMSを構築・運営できる者が，VMSの主役になれば良いのであり，当然，大手小売業者や大手卸売業者がVMSの主役（このVMSの主役を，チャネル・リーダーあるいはチャネル・キャプテンと呼ぶ）となることもある。

　メーカーがチャネル・リーダーの場合，伝統的流通チャネル論の開放的流通に代表される個々のメーカー同士の競合ではなくて，製品の工場出荷後，メーカーが，自己の製品のコントロール，つまり，流通支配をもくろむものであって，これを通常，メーカーが構築したVMS間競争，つまり，「流通システム間競争」と呼んでいる。

　ここにおいて追求されるべきは，VMS全体における利益である。わが国で

は戦後の高度経済成長期から20世紀末にいたるまでの40年間にわたって，特に大手のメーカーにとっては，このシステムの構築と運営が最重要な戦略課題であった（和田・恩蔵・三浦，p.238）。以下，そのVMSについて少し整理・解説をしておこう。

1.2　開放的流通チャネルと垂直的マーケティング・システム（VMS）

図10－1　伝統的流通チャネルと垂直的マーケティング・システム

①伝統的流通チャネル	生産者→卸売業者→小売業者→消費者
②垂直的マーケティング・システム	［生産者＋卸売業者＋小売業者］→消費者

　上図は，かつての最寄品流通によくみられた①開放的流通チャネルと，②垂直的マーケティング・システム（VMS）を対比させている。①の流通チャネルのメンバーは，各々独立分離した事業的存在であって，流通チャネル全体の最大利益を犠牲にしても自己の最大利益を追求するだろう。換言すれば，メンバーは誰ひとりとして他のメンバーを完全にあるいは十分には掌握・統制することはできない。

　他方②は，1つにまとまった流通システムとして活動するメンバーから成り立つ。メンバーは他のメンバーを承認し，チャネル・リーダーが，あるメンバーに一手販売権を与えるといった，コントロールあるいはメンバー間協力を求めることによって流通「システム」全体としてより大きな力を発揮することができるだろう。

　流通システムの支配者（くどいが，必ずしもメーカーとは限らない）が，流通チャネル内のメンバーの行動をコントロールし，①で生じる流通チャネル内でのメンバー間の利害衝突を排除することができれば，そのシステムの大きさ（規模の経済），契約のもつ拘束力，二重サービスの排除，といった効率性追求の観点から流通コストを著しく低下させることができるだろう（コトラー，1986, p. 331）。

一般的には，VMSは大きく3つのタイプに分類できるとされる。①企業型VMS，②管理型VMS，③契約型VMS，である（コトラー，2001，pp.622-623）。

①は，典型的には1つの資本のもと，生産から流通までの一連の段階が結合されているVMSをいう。いわゆる垂直統合と呼ばれる形態であり，チャネルを高い水準でコントロールしたい企業に好まれる。

②は，チャネル・リーダーの規模や力によって生産から流通までの一連の段階が調整されるVMSである。有力なブランドを製造するメーカーは，流通業者から強い協力と支援を得ることができるだろう。既述したように，わが国のいわゆるメーカーによる「流通チャネルの系列化」がこれに該当する。

③は，生産から流通までの各段階が別々の独立企業によって構成されているが，単独の企業では達成できない経済効果や販売成果を実現するために，契約ベースで統合されるVMSである。これには具体的に，卸売主宰ボランタリー・チェーン（VC），小売主宰ボランタリー・チェーン，およびフランチャイズ・チェーン（FC）の3つのタイプがある。

このようにみてくると，あくまで筆者の私見であるが，ユニクロに代表される近年隆盛のSPA（アパレルの製造小売業）は，必ずしも1つの資本のもとで，すべての事業を統合しているわけではないので，メーカーではなく，小売業というチャネル・リーダーによる（生産から販売までを一貫させた）「新しい形」の契約型VMSと解釈できるかもしれない。

このような企業は，小売段階から遡って，製品企画，生産，物流を一貫して担っており，自社にとって重要な機能は内部化し，そうではない機能はアウトソーシング（外部委託）を行っている。つまり「契約ベース」で，中国等で商品の製造委託を行い，それを輸入，自社店舗で販売を行うという方式をとっている（原田・向山・渡辺，pp.144-145）。

1.3　流通チャネル選択の意思決定課題

どの程度にまで，流通チャネルを支配すべきかという，消費財メーカーにとっ

ての流通チャネル選択における意思決定課題は，①卸段階で自前の販社をもつべきか，②既存の卸売業者を用いるべきかという判断を迫られることがある。これは，メーカーの流通チャネルへの「関与水準」という戦略課題である。

たとえばトイレタリー業界で，花王は自前の販社をもつが，ライオンは既存の卸売業者を活用している。換言すれば，花王は企業型VMSを志向するが，ライオンは伝統的な開放型流通チャネルを活用している。

この意思決定問題に関して，われわれは ウイリアムソン（O.E.Williamson）に代表される「取引コスト」の研究を思い浮かべる。ここで言う取引コストとは，製品・サービスの取引を行う際に，取引参加者が負担しなければならない費用のことである。ここでは「取引コスト」と「内部化費用」（流通機能を自社内でまかなうための費用）を秤にかける。そして，取引コストの方が大きければ，花王のように自前の「販社」（自社の製品を専門に取り扱う，通常，自社資本系列の卸売業者）をつくるが，取引コストの方が小さければ，ライオンのように既存の卸売業者を活用することになる。

「販社」をつくるか，既存の「卸」を活用すべきかという意思決定課題は，競合他社がVMSを構築していれば，そのVMSとの競争分析も必要となり，極めて複雑，かつ難解な流通チャネル問題を解かねばならないことになる。

伝統的的な個々バラバラの開放的流通チャネルは，1960年代から40年間は，VMSを重視するという形に変貌を遂げた。

ところが，21世紀の現代は，ネットワーク型組織にみられるような，より緩い結びつきの企業間関係が重視されつつある。換言すれば，その時その時の状況によって，自社にとってより有益と思われる取引先企業を模索・探索し，その企業との提携を追求する傾向が強まっている（これが，上記SPAに代表される，筆者の言わんとする「新しい」形の契約型VMSである）。

ただ，この提携も決して半永久的，硬直的なものではなくて，自社にとってさらに有益な相手を求めて，流通チャネルを構築していく過程の一部にすぎないだろう。

ここでは，経営にかかわる様々な機能を，企業組織内に取り込むのか，市場

から調達するのか，という「組織と市場」の問題に関して，この取引コスト・アプローチが，有効なフレームワークを提供する（和田・恩蔵・三浦，pp.239-241）とだけ指摘しておく。

　また，チャネル・リーダー，特にメーカーが，1つの流通チャネル・システムだけでなく，複数のチャネル・システムを構築することも考えられる。これは，「マルチチャネル・マーケティング・システム」（あるいはハイブリッド・マーケティング・チャネル）と呼ばれている。同一あるいは異なる市場に到達するために，複数のマーケティング・チャネルを用いる場合である。たとえば，わが国の家電メーカー（日立，東芝など）は系列店チャネルと量販店チャネルの両方を活用しているし，米国GE社は独立流通ディーラー（百貨店，ディスカウント・ストア，カタログ販売店など）チャネルの他に大手建設業者への販売も行っている（コトラー，1984，pp.334-335）。

　このように，流通チャネルを増やすと，①市場カバレッジが広がり，②顧客の要望に合ったカスタマイズされた販売ができるといったメリットが生まれるが，当然，デメリットとして，2つ以上のチャネル（たとえば，系列店とGMS）が同じ顧客を奪い合うコンフリクト（カニバリゼーション＝共食い）が生じ，チャネル・コントロールが非常に難しくなる可能性も指摘される（コトラー，2001，p.625）。

2　流通チャネルの管理

　どのような形の流通チャネルを構築するのかという，流通チャネル設計の意思決定がなされたら，次の仕事は，構築した流通チャネルを，いかに巧みに取り扱う（管理する）かという課題に移る。この流通チャネル管理の基本は，適切な個々の流通業者を選出し，彼らに，流通チャネル・メンバーとしての興味を起こさせ，その成果を十分に評価することが主眼となる（コトラー，p.339）（以下では，一応，メーカーをチャネル管理のリーダーとして言及する）。

2.1 流通チャネル・メンバーの選定

流通チャネル管理の前に，流通チャネル・メンバーの選定に関して，少し触れておこう。

メーカーが適切な流通業者を引き付けることのできる能力は様々であって，日本における自動車メーカーのように，排他的流通（ただし，米国の自動車流通は選択的流通チャネルが主流である）を実行することができる場合は協力が得やすいだろう。

米国における自動車流通の世界では，通常，このような排他的流通を行うことはできないが，米国トヨタは「レクサス」というブランドで新しい自動車ディーラーを多数引きつけることができている（コトラー，2001，p.614）。したがって，米国トヨタの場合，既述した，選択的流通と排他的流通の中間的形態といえるかもしれない。

他方，適切な流通業者を確保するのに苦労する場合もある。かつて米国ポラロイド社はカメラ事業を開始したとき，その新しいカメラを取り扱ってくれるカメラ店を獲得できず，やむなく量販店流通チャネルを用いた。また，米国の小さな食料品メーカーは，小スーパーといえども，食料品店に自己の製品を取り扱わせることが困難なことをしばしば経験する（コトラー，1986，p.339）ようであるし，こういった類の事例は，日本でもよくみられることである。

このように，流通業者選び，そのものもかなり難しいわけだが，メーカーは，ここにおいて，少なくとも最低限，自社にとって，有利かつ優秀な流通業者の特性および選択の「基準」を明確にしておく必要がある。選択の基準としては，流通業者の事業経験年数であったり，取扱い商品の中身であったり，その流通業者の成長性および収益実績，支払い能力，協調性，評判等々が考慮されるだろう（コトラー，2001，p.614）。

2.2 流通チャネル・メンバーの動機づけ

次に，メーカーは，「消費者目線」をも考慮して，流通チャネル・メンバーを動機づける必要がある。流通チャネル・メンバーのニーズを明確にし，チャ

ネル・オファリング（流通チャネル活動を通じて顧客に提供できるもの）を調整して，顧客により高い価値をもたらすようなチャネル・ポジショニング（流通チャネル内での位置づけ）を構築する。

メーカーのやるべきことは，各流通チャネル・メンバーが最終ユーザー（通常，われわれ消費者）を満足させるために，当該メーカーと共同して努力していく「パートナー」であるという認識をもたせる必要が強調されよう（コトラー，2001，p.615）。いわゆる パートナーシップ・マーケティングともいうべきものだろうか。

初期段階では，パートナーシップ・マーケティングという段階に到達しないまでも，メーカーは流通業者には絶えず刺激を与えて，与えられた仕事に最善を尽くすように仕向けることになるだろう。

この場合，多くは「飴とむち」といった原始的な取り組みがなされることが多いようである。この取り組みを，低次のものから高次のものに向かって，並べてみると，メーカーは，次のような各タイプのパワーを行使して，流通業者から，より一層の協力を引き出そうとする（コトラー，2001，pp.616-617）ことが分かる。

① 強制パワー：メンバーが協力的でないとき，資源を回収したり，契約を解消すると言って相手を脅す。
② 報酬パワー：特定の業務や機能を果たしたことに対して，臨時の手当を与える。概ね，報酬パワーは強制パワーより有効だが，過大評価される可能性もある。
③ 正当性パワー：契約書に明記されている行為を求めるときに行使されるパワーであり，フランチャイズ契約の一部として一定レベルの在庫をもつよう要求するような場合が典型である。
④ 専門パワー：流通チャネル・メンバーが尊重・尊敬できるような専門的な知識をメーカーがもっている場合に効果的である。この状況においては，メーカーが流通業者教育のための高度なシステムをもっており，このシステムがないと流通業者の業績が上

がらないというような状況では有効であるが，一度その知識を流通業者が身につけてしまえば，その効力は減少することになるので，メーカーは常に新しい専門知識を開発し続ける必要がある。

⑤準拠パワー：メーカーが流通チャネル・メンバーから，さらに尊敬され，メンバーがメーカーとのつながりを誇りに思うような場合のパワーである。トヨタ，IBMのような企業は高い準拠パワーをもっており，そのメーカーの傘下に入りたいと思う流通企業は多数存在する（ここに，企業のブランド価値の重要性が指摘される）。

結論的にいって，メーカーは，パワーの強い順から並べると，「準拠パワー＞ 専門パワー＞ 正当性パワー＞ 報酬パワー」の順でより容易にメンバーの協力を仰ぐことができるわけだが，一般的に，強制パワーの行使は我が国においては独占禁止法上の不公正な取引方法に抵触する可能性が強く，用いるべきではない。

2.3 流通チャネル・メンバーの評価

メーカーは定期的に流通業者の実績を次のような基準に照らして評価する必要がある。①販売割当ての達成，②平均在庫水準，③消費者への配送時間，④傷物商品や紛失商品の処理，⑤メーカーのプロモーション活動や従業員教育計画への協力，⑥流通業者の対消費者サービス等，である。

上記①を例にとれば，定期的にメーカーは各流通業者の売上高実績リストを作成し，流通チャネル・メンバーに配布する。このリストによって，低実績の業者は最善を尽くすように刺激されるだろうし，トップの業者は現在の実績を維持しようとする刺激を受けるだろう。実績は前年度実績と比較されることが重要であって，このような場合，グループ全体の平均伸び率が基準として使用されることが多いようである。

メーカーは流通業者に対して積極的に対応し，常に「適正なる評価」を下す

努力を怠らないことが重要である（コトラー，1986，pp.340-341）。成果を上げていない流通業者には指導，再教育，再動機づけ，あるいは契約解消をする必要もあろう（コトラー，2001，p.618）。

2.4　パートナーシップ・マーケティングと流通プログラミング

　上記の「飴とむち」的思考の見方を変え，それを超えるものとして，パートナーシップ・マーケティングの考え方が志向されるべきであろう。

　「協力関係」から始まって，「パートナーシップ」，さらには「流通プログラミング」といった形態に進むべきであろう。

　初期の「協力関係」においては，高いマージンや特別割引といったプラスの動機づけを行ったり，逆にマージン削減，配達遅延，契約解消といったマイナスの制裁を与えるという「飴とむち」的思考に近い。ということは，メーカーと流通業者とは決して対等な関係とはいえず，上位にあるメーカが，まだまだ未熟な「刺激－反応」的な考えに立脚している点に問題がある。

　したがって，より洗練された長期的に対等な「パートナーシップ」を築き上げる努力が必要であって，高度な流通チャネル管理のために，磨き抜かれた「流通プログラミング」が志向される。

　「流通プログラミング」は「パートナーシップ・マーケティング」の一形態と捉えることができ，具体的には，メーカーが社内に流通業者リレーション・プランニング部門を設立し，この部門と流通業者とが共同でマーチャンダイジング目標，在庫レベル，販売教育要件，広告プロモーション計画等を立案するような場合である。

　この方法を採用する狙いは，流通業者はメーカーとの厳しい交渉を通じて利益をあげるものであるという，従来の考え方（敵対関係）から，流通業者に対して，彼らは顧客（消費者）から見たら，「メーカーと一緒になった売り手」であることを再認識させることが究極的な狙いである。

　つまり，メーカーが構築したVMSへの「従属的」参加というよりは，VMSの主要な構成員として，積極的に協力，活動し，利益をあげてもらうという発

想によるものである（同上書，pp.617-618）。

2.5　おわりに

　以上，みてきたことは，メーカーを中心としての流通チャネルの戦略（あるいは政策）である。この戦略は，自社外の流通業者を自己のコントロールにおく必要があるという点で，極めて困難な問題を伴う（石井ら，2009，pp.147-148）。

　マーケティング・ミックスの他の要素，製品，価格，プロモーションといった各戦略は，モノのマーケティングであれば，顧客志向の「製品」というモノを中心に考えれば，かなりの程度，メーカー単独で，判断し，実行できる戦略ともいえる。しかし，流通チャネルの戦略は，それが取り扱おうとする対象が，流通業者という人間であり，「関係」である。この人間的要素をたぶんに含んでいるところに，難しさがあるといえるのではないだろうか。

　また，再三，繰り返すが，これまでのメーカーによる流通チャネルの戦略は，あくまでもメーカーの視点に立った流通チャネルの戦略であることが多く，消費者および顧客の視点からの発想が乏しい。

　消費者という顧客視点に立ったメーカー・マーケティングが行われないかぎり，より消費者寄りのコンビニエンスストアやインターネット・ショップ，あるいは製造小売業のユニクロいった，小売側からのマーケティング，小売側からの流通チャネルの戦略というべきものが，我々消費者の支持を得つつある。

　このように考えた場合，メーカーは，その商品（製品）だけでなく，「流通チャネルの選択と管理」においても，生産者思考ではない，消費者思考の流通チャネルの戦略はどのようであるべきかを真剣に考える必要がある。今，メーカーには，これが求められているのだということを十分に認識しなければならない。

　小売業分野の台頭を鑑みると，いわゆる「流通システム間競争」は，本書第4講でみたように，流通システム自体が将来的には「オープンでモジュール型」になる傾向が強まるが故に，「流通チャネルの系列化」にみられるような，固

定的な主従関係には決してならない。(メーカーからみれば) 消費者, 流通業者との優れたマーケティング・コミュニケーションを達成した者に勝利が訪れることが明示される。

参考文献

Fifield, Paul (1992), *Marketing Strategy*, Butterworth-Heinemann.（ポール・ファイフィールド, 小山良訳 (1997)『マーケティング戦略』白桃書房)。

Kotler, Philip (1984), *Marketing Essentials*, Prentice-Hall.（フィリップ・コトラー, 宮沢永光・十合暁・浦郷義郎［共訳］(1986)『マーケティング・エッセンシャルズ』東海大学出版会)。

Kotler, Philip (2000), *Marketing Management : Millennium Edition*, *Tenth Edition*, Prentice-Hall.（フィリップ・コトラー, 恩蔵直人監修・月谷真紀訳 (2001)『コトラーのマーケティング・マネジメント　ミレニアム版　第10版』ピアソン・エデュケーション)。

石井淳蔵・廣田章光［編著］(2009)『1からのマーケティング (第3版)』中央経済社。

井原久光 (2001)『ケースで学ぶマーケティング』ミネルヴァ書房。

久保村隆祐・出牛正芳・吉村寿・原田保 (2000)『マーケティング読本　(第4版)』東洋経済新報社。

沼上幹 (2000)『わかりやすい　マーケティング戦略』有斐閣。

原田英生・向山雅夫・渡辺達朗 (2010)『ベーシック 流通と商業　［新版］：現実から学ぶ理論と仕組み』有斐閣アルマ。

平久保仲人 (2000)『マーケティングを哲学として経営に取り入れるということ』日本実業出版社。

平久保仲人 (2001)『日経BP実践MBA①　MBAマーケティング』日経BP社。

矢作敏行 (1994)『コンビニエンス・ストア・システムの革新性』日本経済新聞社。

渡辺達朗 (2004)「マーケティング・チャネルのマネジメント」(小林哲・南知恵子編『流通・営業戦略－現代のマーケティング戦略③』有斐閣)。

和田充夫・恩蔵直人・三浦俊彦 (2000)『マーケティング戦略［新版］』有斐閣アルマ。

第11講　コミュニケーションの戦略
―― プロモーション戦略 ――

> **キーワード**
>
> 人的販売活動，　広告，　プッシュ戦略，　プル戦略，　販売促進（SP），　PR，
> プロモーション・ミックス，　パブリシティ，　AIDA，　AISAS，
> クロス・コミュニケーション，　CGM

1　マーケティング・ミックスの中のプロモーションの位置づけとその構成要素

　プロモーションの直接的な目的は，自社ブランドに対する良好なイメージを買手の心の中に築きあげ，それによってその製品の販売を促進しようとするところにある。したがって広告がその中心になるが，ブランドだけを知ってもらえればそれでよいわけではないから，企業そのものを知ってもらうためのコミュニケーション活動をはじめとするその他の活動（プロモーションを構成するその他の要素）も必要になる。また同時に，そうした活動間の連携をうまくとる（つまりミックスする）ことが重要になる。どのようにミックスするかは，プロモーションが何を目的に編成されるか（プロモーション目的）に左右される。つまり，新製品に対する需要を高めるためなのか，既存製品の売上高増をめざしてのものなのか，あるいは，企業のイメージを高めるためなのか，などなど。

　以上のようにプロモーション戦略は，直接的には，製品のことや企業のことを，消費者や潜在的な消費者に伝えるコミュニケーション活動を中心としており，それを通じて良好なイメージを築きあげて，短期的・長期的に売上の増加に結びつけるというコミュニケーション戦略でもある。

プロモーションのためのコミュニケーション手段にはおおよそ次のようなものがある。最近ではこれにインターネットを加える必要があるが、それについては後述する。

　○広　　　告
　○販売促進（セールスプロモーション）活動
　○パブリックリレーション（PR）
　○パブリシティ
　○人的販売活動

これらの活動はまず、コミュニケーション対象として、製品やサービスについて行われるものと（ブランド・イメージの形成），企業イメージの形成に関わるものとに分けることができる。もっとも，このような分類は便宜的なもので，製品に対する良好なイメージは企業イメージを高めるし，良好な企業イメージも，製品の販売を促進する上で重要な役割を果たしていることはいうまでもない。こうしたコミュニケーション諸活動の補完的あるいは総合的な性格は，積極的にそのようなもの（つまり，バラバラではなくミックスとしてあるいは統合された活動）として展開されるべきであるという認識を導き出す。ミックス概念のもとで編成されるプロモーション・ミックスがそれである。また，企

表11-1　プロモーション（コミュニケーション）構成要素

	人的	非人的	有料	無料	発信元明示	発信元第三者	長期的効果	短期的効果
広告		○	○		○		○	○
販売促進（SP）	○	○	○		○			○
PR		○	○		○		○	
パブリシティ		○		○		○		
人的販売活動	○		○		○		○	○
くちコミ	○			○		○		○

業からのコミュニケーション諸活動が一貫したイメージ形成につながらなければ意味がないことから，IMC（Integrated Marketing Communication：統合されたマーケティング・コミュニケーション）という考え方が生まれてきた。

コミュニケーションを構成する各要素については，その性格や目的に則して考えた方が理解しやすいだろう。それぞれの特徴をまとめると次のようになる。以下，この表に沿いながら説明していこう。

利用されるコミュニケーション・チャネルについては，大きく，非人的なものと人的なものとに分けることができる。

1.1 非人的コミュニケーション・チャネル

これは，次に列挙するようななんらかの媒体を通じて行われるもので，人的な接触や担当者との相互作用をともなわないものである。代表が広告で，媒体には，新聞や雑誌，ダイレクトメールなどの印刷媒体，ラジオやテレビなどの放送媒体，ビデオテープやCD，インターネットなどの電子媒体，屋外広告や看板（含デジタル・サイネージ），ポスターなどの展示媒体，などがある。企業は，コミュニケーションの発信元を明示し，有料でこれらの媒体を使用することでメッセージ内容を伝える。

1.2 人的コミュニケーション・チャネル

これには，販売要員によるものと，影響力のある権威者を通じてのもの，くちコミなどの社会的コミュニケーション・チャネルを通じてのものとがある。

販売要員は，直接顧客に接する点で重要である。製品に関する詳細な説明も可能であるし，関心をもってもらう段階から購入までの買手の心理プロセスに直接関わることができ，双方向のコミュニケーションが可能で，その場で顧客の疑問に答えたり誤解に対応したりすることができる。

顧客満足との関連でいわれるようになった「決定的瞬間（Moment of Truth）」という考えは，販売要員のコミュニケーション・チャネルとしての重要性をさらに高めたといえよう。

「決定的瞬間」は，顧客とのほんの数十秒の接触で，会社のイメージが左右されてしまうことを表現したものである。どれほどよい製品やシステムを用意したとしても，最前線の販売要員や接客要員によるほんの数十秒の対応が悪ければ，会社全体に対するマイナス・イメージが顧客の心に作られてしまうことになるからである。

　権威者を通じてのコミュニケーション・チャネルは，たとえば，歯医者が特定の歯ブラシを薦めたりするように，その製品を販売する会社とは直接的に関係をもたないと考えられる権威者が，その製品の使用を薦めるといったケースがそれである。

　社会的コミュニケーション・チャネルは，友人や知人，家族といった親しい間柄の中で口伝てに広まっていくもので，くちコミと呼ばれている。

　製品についてはマス媒体を通じて伝えることで知ってもらうことができるが，購買決定に至る情報源としては，こうしたくちコミがきわめて重要であることが分かっている。とりわけあまり頻繁に購入するわけではなく，しかも購入単価が高額で失敗が許されないような製品については，買うか買わないかの決定に際して，こうした近しい人からの情報が大きな影響を及ぼす。

　マス媒体を通じてのプロモーションの効果が弱くなってきた今日，企業は，このような人的コミュニケーション・チャネルをますます重視するようになってきている。専門家や権威者に対して，顧客に自社製品を推奨してくれるよう働きかけたり，くちコミについても，それが直接コントロールできないだけに，なんとかこの回路を刺激してくちコミを発生させようと考えるようになってきた。実際，まったく広告を打つことなくヒット商品を生みだすといったことも可能になってきている。

　インターネット上のくちコミサイトである@cosmeや価格comは，多くの人々の率直な書き込みが重要な情報源となっており，企業にとって無視できない存在になっている。

1.3　直接的か間接的か　（第三者によるコミュニケーションかどうか）

　コミュニケーションが直接的に行われるか，そのプロセスが間接的に生まれていくかによって分けることで，これまでの議論をもう少し深めることができる。広告など，先に挙げたいろいろなメディアを通じて直接受け手に伝えようとするものと，くちコミの発生に象徴的に示されているように，間接的にコミュニケーション・プロセスが開始されるものとに分けることができる。

　直接的なものは企業がお金を出して行っていることがはっきりと分かるもので，企業の直接的なコントロール下にある。間接的なものは，少なくともコミュニケーションの発生に対してはお金を出してはいない。したがって直接コントロールすることができない。

　企業によって買われたメッセージに対しては，受け手の多くは，その内容に対して一定の距離をおいて（さめた目で）受信することになるが，間接的なものに対しては，直接企業からのものとは理解されないために，広告に対しては警戒心をもつ消費者にも受け入れられやすい。ネット上のくちコミサイトが重要な役割を持つようになったのも同じ理由である。

　それらの間接的なコミュニケーション手段には，パブリシティ，社会的コミュニケーション・チャネル（ネットを含むくちコミ），イベントなどがある。

　パブリシティは，無料の広告とも呼ばれ，マスメディアによってニュースとして取り上げられることで伝えられるものである。新聞などの新製品紹介欄などが分かりやすい例であるが，これは記者によって取材されたものではなく，企業がプレスリリースとして流したものが取り上げられたものである。パブリシティの活用は企業の広報（PR）活動の一環として行われてきたが，近年ではもっと積極的に，無料の広告としての利用が考えられてきている。依頼される専門の広報会社は，様々な記事スペースに対応するような内容のプレスリリースを行い，それがそのまま掲載されても良いようなかたちで制作する。

　掲載を決定するのはマスメディアの方であるが，掲載されればその費用は無料であり，メディアが独自に載せることによる受け入れられやすさを考えると，効果の高いコミュニケーション手段である。多くの場合，各媒体に採りあげら

れた数や長さを広告料に換算して，その効果の測定に使われている。

　今では珍しいことではなくなったが，かつて，大学がテレビCMを行ったとしていろいろなメディアに採りあげられた亜細亜大学は，NHKの報道特集（30分）にも組まれ，この番組は，視聴者の要望もあって，3回も再放送された。全国放送されるNHKに採りあげられたパブリシティ効果は，計り知れないものがあるといえよう。

　社会的コミュニケーション・チャネル（くちコミ）についてはすでに触れたが，この場合も，くちコミの発生まではいろいろと仕掛けをすることはできるが，それ以後のプロセスについては自生的な部分が多く，間接的なコミュニケーションといえる。しかし，一旦発生すれば，その説得力は，関与度の高いコミュニケーションであるだけに強力である。

　博覧会などのイベントに直接参加することによって企業そのものの宣伝をするだけでなく，それが報道されたりすることで一種のパブリシティ効果を得ることができる。また，スポーツ・イベントへの協賛企業となることで，そのイベントが報道されたときに，テレビ画面などを通じて企業名を宣伝することができる。マラソンなどのゼッケンに印刷された企業名や，Ｊリーグ各チームのユニフォームに書き込まれた企業名などを思い浮かべればよいだろう。

1.4　イメージ強化を目的とするのか競合相手のイメージ切り崩しを目的とするのか　（長期的効果か短期的効果か）

　販売促進（SP）は，プロモーション活動の中でもより直接的な役割を担っている。広告などの非人的コミュニケーション手段が受け手の中にブランドイメージを長期的に確立して，それによって指名購買を促すというプル戦略（引きつける）の役割をもっているのに対し，販売促進は，むしろ，流通業者や消費者へと売り込んでいく（プッシュ戦略）という性格をもっている。このことは，販売促進に使われる手段を見ることで容易に理解できる。たとえば，実演販売や見本の配布，クーポンの配布やより直接的な値引きキャンペーンなどは，消費者への直接的な働きかけによるプッシュ戦略であり，リベートなどの各種

インセンティブの提供，販売コンテストなどは，流通業者への働きかけで，それらによって製品の販売をプッシュするわけである。

　これらの手段は新製品の導入キャンペーンなどに利用され，消費者に試用してもらうことで競合する製品に対する好みを切り崩し，そのブランドからのスイッチを引き起こさせることがねらいである。したがって，性格的には短期的なもので，長期的なブランドイメージを築き上げることを目的としてはいない。ビールの新製品導入キャンペーンなどを思い浮かべればよいだろう。

　近年，プロモーション・ミックスの中で，広告に対するウェイトが下がってきて，販売促進に対する割合が増大してきている。それは，1つには，すでに述べたように，消費者の好みが多様化し細分化してきた結果，マス媒体を通じた働きかけが効果を生まなくなってきたことがあげられるが，もう1つの理由は，メディア自体が次第にマス・メディアとしての性格を変えてきたことによる。最も典型的なのは雑誌で，人々の多様な趣味や好みに応じた雑誌がそれぞれに出されている。ファッション雑誌にしても，対象年齢ごとに，また同じ年齢層を対象にしてもその中での好みのタイプごとに，複数の雑誌が刊行されている。また，日本ではまだであるが，アメリカでは，ラジオにおいても同じような細分化が進んでいる。ニュース専門，ロック専門，カントリー専門といったように，好みごとに放送が専門化している。さらにテレビという最も強力なマス・メディアにおいても，デジタル放送による多チャンネル化の動きが急である。たとえば300チャンネルもの放送が受信可能である状況を考えてみると，それだけで，これまでのように日本中の人が同じ番組を見，同じCMを見るような状況が続くとはとうてい考えられないだろう。

　テレビですら，そうした細分化された好みからなる世界の中で，自らのマス・メディアとしての性格を変えていかなければならない状況が来ているのである。

　もっとも，このようなマス・メディアの変質は，消費者の好みの多様化に対しては，逆に有利な面ももっている。それだけ消費者の好みに対応したコミュニケーション・チャネルの選択が可能になってきたからである。要するに，かつてのような大衆市場が無くなってきただけなのである。対象市場の選択と，

そこに到達するに相応しいコミュニケーション・チャネルを的確に選択し編成することが，今後問われていく課題である。

2　プロモーション・ミックス

これまで述べてきた様々なコミュニケーション（プロモーション）手段は，個々バラバラに行われるのではなく，コミュニケーション目的に対してそれぞれの特性が活かされるようなかたちでミックスされる。

2.1　製品タイプの違いによるミックス編成

買手がその製品カテゴリーに対してどのくらいの知識をもっているかによって，力点をおくべきコミュニケーション手段が異なってくる。このことは，消費財の買手と産業財の買手という極端な例を用いることで理解しやすい。すなわち，消費財の買手に対しては，一般に広告などのマス媒体を用いた非人的プロモーションが中心とされ，産業財については人的販売のウエイトが高くなる。それは，製品について高い知識をもった買手に対して詳しい説明やきめ細かい対応が必要とされるからである。また，対象とする顧客の数が比較的限られていれば，不特定多数に対するコミュニケーションよりも，対人的なコミュニケーションに力点をおいた方が得策である。いずれにしろ，製品が，買手にどのように受けとめられているか，買手がどの程度の知識をもっているかによって，非人的コミュニケーションと人的コミュニケーションの割合を変え，組み合わせていかなければならない。

2.2　製品ライフ・サイクルの各段階におけるミックス編成

製品ライフ・サイクル（第7講参照）によって当該製品の市場における競争状況を知ることができるから，刻々と変化する状況に対して，適切なコミュニケーション手段を展開する判断材料を得ることができる。

ライフ・サイクルの導入期では，新製品を消費者に広く知らせることと，と

もかくも使ってみてもらうこと，そして，流通業者にその製品を販売してもらうことが重要である。したがって，広告やパブリシティなどマス媒体を用いた市場カバー率の良いコミュニケーションと同時に，見本の頒布や値引き，既存製品に新製品をおまけとしてつけるなどの販促活動が重要になるし，流通業者に対してはリベートや各種割引などの販促活動を行うなど，プッシュ型のコミュニケーション戦略が採られる。

うまく成長段階へ移行して市場でヒットする際には，くちコミというパーソナルなコミュニケーションが重要な役割を果たす。マスコミとくちコミとが支え合いながら，その製品を受容する層（顧客層）が広がっていくことで，うまく成長軌道に乗せることができる。そのためには，パブリシティおよびパブリシティ的効果をもったコミュニケーション手段が重要になる。

成熟段階では，競合する類似商品も多くなり競争が激しくなるから，差別化のための広告や忘れさせないためのリマインダー広告，一時的に売上を刺激するような各種の販売促進が重要になる。

減少段階では，リマインダー広告や需要喚起のための販売促進が中心になるが，基本的には，出費を抑えながら市場から撤退することになる。場合によっては新しい市場を見つけたり市場での位置づけを変える再ポジショニングが行われる。その場合には，導入段階と同様のコミュニケーション戦略が採られることになる。

2.3 プッシュ戦略とプル戦略

プロモーション・ミックスは，その性格から，すでに述べたように二つに分けることができる。図に示すように，生産者から卸売業者，小売業者などの流通業者に対して直接働きかけて製品を押し込んでいく販売促進（SP：セールス・プロモーション）とそれを担う人的販売は，プッシュ戦略の重要手段であり，広告やパブリシティなどのマスメディアを介したコミュニケーションによってブランドを認知させ，それによって消費者からの指名購買を促す方法をプル戦略と言う。これは，消費者から小売業者，卸売業者へと需要が引きつけられ

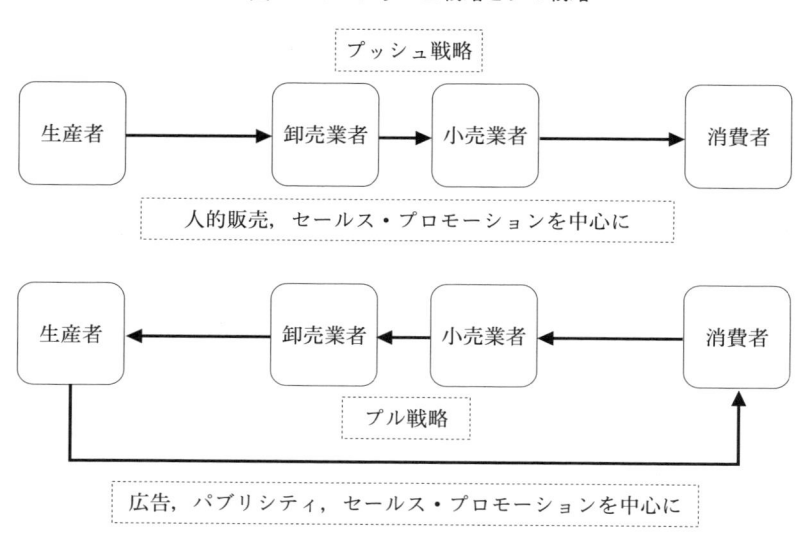

図11-1　プッシュ戦略とプル戦略

```
        プッシュ戦略
生産者 → 卸売業者 → 小売業者 → 消費者
      人的販売，セールス・プロモーションを中心に

生産者 ← 卸売業者 ← 小売業者 ← 消費者
        プル戦略
      広告，パブリシティ，セールス・プロモーションを中心に
```

ていく（プル）ことからこう呼ばれている。このことを実現するために，ブランドの持つ力が重要になってくる。

3　買手の反応を階層的に捉えるモデル（反応階層モデル）

　個々の製品（多くの場合新製品）に対して，買手がどのようなプロセスを経て購買に至るかをモデル化したもので，認知段階から感情段階を経て行動段階へと順を追って移行していくと仮定していることから，反応階層モデルと呼ばれている。次の図に示したものが，AIDAモデルと呼ばれている代表的なものである。

　AIDAは，Attention（注意），Interest（関心），Desire（欲求），Action（行動）の各頭文字をとったもので，オペラのアイーダになぞらえて覚えやすくネーミングされたものである。消費者は，まず注意（認知段階）を喚起され，次に関心をもちそれが欲しいという欲求にまで高められる（感情段階），そし

図11-2　反応階層モデル：AIDA

段　　階	{認知段階} → {感情段階} → {行動段階}
AIDAモデル	{注意} → {関心　→　欲求} → {行動}

て，購入という具体的な行動に至る（行動段階）と考えるのである。したがって，こうした各段階に適したコミュニケーション内容を，それを伝えるのにふさわしいコミュニケーション手段によって提供することが必要であるとされる。

また，こうした段階ごとのコミュニケーション効果は，比較的把握しやすいので，そうした効果測定のフレームとしてもこれらのモデルは利用することができる。

広告などの各種コミュニケーション手段の効果については，直接的には売上にどれだけ結びついたかということで把握されるのがもっとも分かりやすいが，現実には，過去の広告などの累積的な効果が大きく関わっており，個々のコミュニケーション効果を切り離して測定することは難しい。ブランド・エクイティといった考え方の背後にあるのも，長い時間をかけて築きあげられたブランドイメージは企業にとっては一種の無形の資産であり，一朝一夕でできあがったものではないという，広告などの累積的な効果に対する認識があるからである。

したがって，むしろ，消費者がブランドにどのくらい気づいているか（アウェアネス）とか，ブランドに対してどの程度好感をもっているか，といったコミュニケーション上の課題を測定可能な目標として設定する方が，具体的な効果を把握しやすい。そして，このようにして測定しうる効果に基づいてコミュニケーション予算の配分を考えるべきとするのが，DAGMAR（「広告効果測定のための広告目標設定」）と呼ばれている考え方である。これは，消費者の行動を，認知，理解，確信，行動という4段階についてあらかじめ目標を設定し，測定された広告結果に対して広告目標との比較・評価を行う（Defining Advertising Goals for Measured Advertising Results）目標管理技法である。

4 AISAS© モデルとクロス・コミュニケーション

電通は，長い間使われてきたAIDAモデルに代わって，AISASモデルを提案した。今日のようなインターネット時代においては，Interest（関心）の後にインターネットでの検索といったSearch（探索）活動が行われ，それを踏まえて購買という Action（行動）が起こり，その後に，購入後の感想などをブログやSNS（ソーシャル・ネットワーク・サービス）のコミュニティに書き込み情報を分かち合う（Share）というステップを経ると考える。

　インターネットによって企業は自ら情報発信できるメディアを手に入れた。このことは消費者にとっても言えることであったが，Web2.0時代と言われる今日の特徴は，消費者自らがネットを通じて情報を簡単に発信するメディアをはっきりと手に入れたという点である。Web1.0時代でも，ホームページを作ったり日記をネットにアップしたりと，個人が情報を発信する手段としての可能性は備えていたが，今日の特徴は，ブログという誰でもが容易に開設して情報発信することができるサイトを持ち，Twitterで気軽につぶやき，mixiやFacebookといったSNSに参加し，しかも，PCだけでなく携帯からアクセスして書き込んだりというように，インターネットが，消費者自らが日常的に情報発信をすることができるCGM（Consumer Generated Media）になった点である。

　このように，情報発信する消費者の誕生は，マスメディアを通じて一方的に消費者に情報伝達するというコミュニケーションスタイルを徐々にしかも確実に変えていった。

　消費者の購買に至るプロセスをAIDAのようにモデル化し，その各段階にふさわしいメディアを通じて働きかけるというメディア・ミックスの考え方から，消費者が自らの情報発信も含めてさまざまなメディアに接触していくプロセスにコミュニケーション手段を仕掛けていくクロスメディア……　たとえば，従来型のマスメディアを使った広告に，「あとはウェブで検索」といったようにサイトへのアクセスを促す方法や二次元バーコードであるQRコードをつけて

携帯で読み取らせてサイトに誘導したり，SNSで広告を打ったりキャンペーンを行いそこから誘導するなど ······ へと変わっていった。さらには，CGMによる消費者の参加，関わりを想定して，マスコミ4媒体（メディア）······ テレビ，ラジオ，新聞，雑誌 ······ とYouTube，SNSなどを連動させてくちコミが発生するような仕掛け作りとしてのクロス・コミュニケーションが行われるようになっている。

5　PRと企業広告

　これまでは，個々の製品に関するコミュニケーション（プロモーション）を中心に述べてきたが，製品は製品そのものとしてだけ買われるわけではなく，その背後には企業に対するイメージが重要な要素として存在している。良好な企業イメージは製品に対するイメージを高めるし，実際，製品の購入を促進することが知られている。
　企業そのものについてのコミュニケーションとしては企業そのものを広告するほかに，地域での様々なイベントのスポンサーとして加わったり，良き企業市民として，会社や工場が存在する地域との良好な関係を築く努力によっても達成される。また，文化や芸術などを支援するメセナ活動によっても良好なイメージを築き上げることができる。
　企業広告は，こうした企業のあり方そのものを知ってもらうための手段である。特に近年では，環境問題へ取り組む企業が増加し，環境マネジメントに関する一連の国際規格であるISO14000シリーズ（中でも中心となる環境マネジメント・システムについてのISO14001）の認証を受けたことを知らせたり，環境に対する様々な努力を環境報告書にまとめて刊行する企業も多くなってきた。これは，決算報告書が株主という直接の利害関係者に対する広報活動であるのに対し，より広く消費者・生活者へのPR活動であるといえる。このように，PRとは，文字通りパブリック（Public）との良好な関係（リレーション：Relations）作りなのである。

参考文献

Armstrong, Gary and Kotler, Philip (2009), *Marketing — An Introduction*, nineth edition, Pearson Prentice Hall.

Kotler, Philip (1994), *Marketing Management — Analysis, Planning, Implementation, andControl*, eighth edition, Prentice-Hall.

二瓶喜博 (2000)『うわさとくちコミマーケティング』創成社。

二瓶喜博 (1988)『広告と市場社会』創成社。

第12講　サスティナビリティとマーケティング

> **キーワード**
>
> サスティナビリティ，　　地球規模の環境問題，　　持続可能性，　　持続可能な発展，
> 4つのシステム条件，　　サスティナブル・マーケティング，
> 「トリプルボトムライン」，　　社会・環境価値の創造，企業価値の向上，
> リサイクルのビジネス

1　サスティナビリティとは

1.1　なぜサスティナビリティが必要か

　あまり聞きなれないと思われる「サスティナビリティ」を説明する前に，ここ数十年の間に人間の経済活動がいかに急激に拡大してきたかを少し見てみよう。

　表12－1は，1950年から2000年までの50年間に，人口，自動車，資源・エネルギーの生産量がどのように変化してきたかを示している。人口は2.4倍に増え，主要産業となった自動車の登録台数は10.3倍，経済活動を支える石油は7.3倍，日常生活で不可欠になっている電力の発電容量は21倍，米や小麦の食糧生産も4倍以上に増えている。一言でいえば，経済活動の急激な拡大・膨張の50年である。現在では，この倍率はもっと大きくなっている。

　こうした経済成長で世界の人々は豊かになったのだろうか。われわれの生活を振り返ればわかるように，日本人の衣食住の生活は大いに豊かになり，基礎的なニーズは十分に満たされ，食料品や衣料品では相当な浪費・過剰な消費も見られるほどである。

表12-1　人間の経済活動にみられる規模拡大の例（1950～2000年）

	1950年	2000年	50年の変化（倍）
人口（億人）	25	61	2.4
自動車登録台数（万台）	7,000	72,300	10.3
石油の年間消費量（億バレル）	38	276	7.3
石炭の年間消費量（億トン）	14	51	3.6
発電容量（万キロワット）	15,400	324,00	21.0
小麦の年間生産量（万トン）	14,300	58,400	4.1
米の年間生産量（万トン）	15,000	59,800	4.0
木材パルプの年間生産量（万トン）	1,200	17,100	14.3
鉄鋼の年間生産量（万トン）	18,500	78,800	4.3
アルミニウムの年間生産量（万トン）	150	2,300	15.3

（出所）デニス・L・メドウズ他著(枝廣淳子訳)『成長の限界　人類の選択』p.9より作成。

　ところが世界全体でみると，日本人のような生活レベルはなんとごく少数派なのである。

　世界の人口のうち最も豊かな20％が世界総生産の80％以上を手にし，世界の商用エネルギーの60％近くを使用しているのに対して，最も貧しい20％の人々は，わずか2％強の所得しか手に入れていない。しかもこの数十年，世界経済の規模が拡大しても，貧しい人々は減るどころかむしろ増えてきた。1998年には，世界人口の45％以上が1日2ドル以下の所得で生活せざるをえなかったという（メドウズ他，p.51）。つまり，現在の経済成長の仕組みでは，貧困に終止符を打てないばかりか貧富の差を拡大している。

　さらに，急激で歪な人口増加や格差の大きい経済成長は，化石燃料や金属など大量の地下資源を掘り出し，森林，家畜，漁業などの資源を大量に消費し，地球の浄化能力を大きく上回る廃棄物と有害物質を自然界に排出してきた。その結果，地球温暖化，オゾン層破壊，酸性雨，森林減少，大気・水・土壌の汚染，砂漠化，海洋汚染，異常気象，食糧危機などの地球規模の環境問題・社会

問題を引き起こしている。

　世界は，これまでの50年と同様に，これからの50年も人口と経済活動を急拡大していけるのだろうか？　答えは否である。2050年の人口91億人（国連推計）の食糧を賄う穀物生産は耕作面積や作付面積の物理的制約から考えにくいし，現在のような地下資源の消費ペースが続けば，石油をはじめとするエネルギー資源や多くの鉱物資源は遠からず価格高騰や枯渇の危機に直面しよう。またパルプ資源を提供する森林も消滅する。さらには地球温暖化や環境破壊の急進行によって，世界の政治・経済・社会は不安定化し大混乱に陥る事態もなしとは言えない。

　換言すれば，世界経済の規模拡大には限界があり，物質的成長が永続することありえない。経済は地球生態系が支えることができる規模が上限となる。したがって，経済の物理的規模の調整が必要であり，二酸化炭素など地球温暖化物質の削減，「脱物質化」，廃棄物削減，などの努力が求められる。経済は，より多くの財とサービスの生産・消費を目指す「量的拡大・成長第一主義」ではなく，人間の食と住，安全と健康，良好な人間関係，個人の能力実現の機会などの人間の基礎的なニーズの改善・向上を目指す「質的発展・福祉の向上」を使命としなければならない（フレイヴィン，『地球白書』第1章）。これが「なぜサスティナビリティを考えなければならないのか」の理由である。

1.2　サスティナビリティの意味

　「サスティナビリティ」は英語のsustainabilityからきているが，「持続可能性」とも訳される。「持続可能性」もあいまいな印象を与えるが，単なる時間的・物理的な「持続性」（durability）と違って，「現状を放置しておくと望ましくない状態になってしまうので，望ましい状態を続けていくための可能性や方法を探り，それを実行していく過程」といえる（三橋，p.34）。

　サスティナビリティの定義を例示してみよう。

1.2.1　「環境と開発に関する世界委員会（WCED）」(1987)の定義

「持続可能な発展（Sustainable Development）とは，将来世代がそのニーズ

を満たす能力を損なうことなく，現在世代のニーズを満たす発展である」。開発（発展）の主要な目的は，人間のニーズを満たすことであるが，そのニーズの充足にあたって，①世代間の公平と先進国・途上国間の公平を確保すること，②あらゆる意思決定過程において環境と資源に配慮すること，が重要であるとしている。

この定義は，サスティナビリティを「持続可能な発展」という概念で提示して，最もよく知られた定義になっている。

1.2.2 小宮山宏・武内和彦の定義

「サスティナビリティとは，地球環境を破綻させず，人類の尊厳を損なわず，豊かな人類社会を持続させていくこと」（小宮山・武内，p.2）。

1.2.3 持続可能な社会のための4つのシステム条件

スウェーデンの環境ＮＧＯ「ナチュラル・ステップ」のカール＝ヘンリク・ロベールは，持続可能な社会のための4つのシステム条件として次を挙げている（ロベール，1996，第5章）。

条件1：生物圏の中で，地殻から掘り出した物質の濃度を増やし続けてはならない

条件2：生物圏の中で，人工的に製造した物質の濃度を増やし続けてはならない

条件3：自然の循環と多様性を支える物理的基盤を破壊し続けてはならない

条件4：効率的で公平な資源の利用を図らなければならない

条件1は，人間が石油・金属・その他の鉱物などを大量に地下から掘り出し，使用・消耗・放散することによって，自然循環以外の物質が絶え間なく自然界に運び込まれ，持続不可能なレベルに向かって，自然の汚染濃度が高まっている。したがって，製造や消費の全ての過程において，計画的なスクラップと再生可能な資源を原料として利用していかなければならないことを意味する。

条件2は，自然循環が人間社会の廃棄物を資源に再生したり，地殻に戻して安定させたりするよりもはるかに速いスピードと規模で，自然界に異質で長寿命かつ生分解できない廃棄物が増えて，持続不可能な汚染が広がっている

（DDT，ダイオキシン，PCB，フロンなど）。こうした異質の物質は除去していかなければならない。

条件3は，例えば，森林乱伐，過放牧，農作放棄，アスファルト化などによる土壌浸食や砂漠化は，自然界の廃棄物処理能力の低下にとどまらず，自然自体が持続出来ない廃棄物になってしまう。開発による土壌の不毛化を最小化しなければならない。

条件4は，人間のニーズを満たすための資源利用の技術的，組織的，およびニーズ満足の効率性と，人間のニーズをグローバルなレベルで効率的に満たすという公平性が，持続可能性のための条件であることを指している。

上の条件1～3は，生態学的にみた持続可能な資源利用の条件であるが，条件4は，条件1～3を満たすための社会的な持続可能性の条件である。現在の世界は，4つのシステム条件のどれにも大きく違反しており，その結果，自然破壊が進行し，廃棄物が増大しているのは実感される通りである。

2 サスティナブル・マーケティングの要請

2.1 サスティナブル・マーケティングのバックグラウンド

マーケティングが対市場活動の領域を拡大して新分野と関わってきた歩みに，ソーシャル・マーケティングや環境マーケティングがある。前者は，1970年前後に認識されるようになってきた「成長の限界」や経済成長第一主義の副産物（環境破壊，公害，欠陥商品，虚偽広告など）への批判の強まり，さらには活発な社会的責任論を背景に登場した，マーケティングの種々の社会的かかわりの理論と実践であった。後者は，1990年前後からの地球環境問題への広範囲の関心と圧力の高まりを背景に，環境経営や環境ビジネスの先陣を切って展開されてきた環境対応の理論と実践であった。

サスティナブル・マーケティング（sustainable marketing）は，2000年前後からのグローバリゼーションの進展に伴う負の側面（貧富の格差拡大，金融危機，経済危機など）や地球温暖化への対応（CO_2削減，省エネ，廃棄物削減

など）をはじめとする問題群に対するマーケティングの取り組みである。サスティナブル・マーケティングは，環境マーケティング（environmental marketing），グリーン・マーケティング（green marketing），エコロジカル・マーケティング（ecological marketing），あるいはCSRマーケティングなどと呼ばれているマーケティングの発展形態である。サスティナブル・マーケティングは，上でみた現代経済の課題を理解し，サスティナビリティを行動原理とするマーケティングの総称である。マーケティング活動における環境負荷の低減と環境保全・環境貢献を図るばかりでなく，地域社会の活力アップにつながる支援や利害関係者への配慮などを当然と考える。経済・財務側面は言うまでもなく，環境側面や社会側面をも重視する，いわゆる「トリプルボトムライン」（triple bottom line）アプローチのマーケティングといってもよい。

2.2　サスティナブル・マーケティング・コンセプト

　これまで多くのビジネスやマーケティングにおいて環境や社会に配慮する活動はお金と時間のかかることであり，本業のビジネスで利益が出たらとか，ビジネスにプラスになるならやってもいいが，できれば批判されない程度の活動でとか，やりたくてもお金がない・お金がかかりすぎるなどと受動的な姿勢で捉えられていた。たとえば「経済と環境はトレードオフ」とか「3Eのトリレンマ」などといわれる。「トレードオフ」（trade-off）とは，一方を追求すると他方を犠牲にせざるをえなくなるという「二律背反」関係であるから，経済発展と環境保全は両立できないとう意味だ。3Eはeconomy, energy, environmentの頭文字であり，「トリレンマ」（trilemma）とは3つの矛盾関係あるいは3つの選択肢の間で背反することである。つまり，経済発展，資源・エネルギーの確保，環境保全の3つの目標がそれぞれ対立して，たがいに相反する利益を求めている関係にあるので，3つを実現することは非常に難しいことを表している。

　果たして本当にそうだろうか。サスティナビリティおよびサスティナブル・マーケティングは，それらを鵜呑みにせず，疑問を呈し，解決策を探る立場で

あることは上でみてきたし，具体的に後述する。

まず，ケン・ピーティの環境マーケティングの定義をほぼ援用して，サスティナブル・マーケティングの概念を次のように捉えておきたい。

サスティナブル・マーケティングとは「顧客・環境・社会からの要請を，利益をあげかつ持続可能な方法で明らかにし，予測し，充足させることに責任をもつホーリスティックなマネジメント・プロセスである」。この定義は，顧客満足の追求とマーケティング・プロセスのステップを踏む点では従来のマーケティングと似ているが，顧客対応という技術－経済的市場の視点と，社会・環境対応という社会－環境的アプローチの両立を図る点で大きな違いがある。同時に，ホーリスティック（holistic）な視点を重視している（Peattie, 1995, p.28）。

またサスティナブル・マーケティングは次のような特徴を持つ。
- このマネジメント・プロセスは，長期的視点というよりもむしろ無限に継続する。
- 顧客（市場），環境，社会のトリプルボトムラインに焦点をあてる。
- 環境と社会は，ビジネスにとって本質的価値をもつものとして扱う。
- 特定の社会というよりも地球的な問題として焦点をあてている。
- 広範囲の社会的・環境的な課題を対象とし，ビジネスのすべてのタイプと領域に関わる内容を扱う。

2.3 サスティナビリティ課題とビジネスの両立

トレードオフやトリレンマを超えて，環境・社会からの要請と顧客ニーズに応えて経営とマーケティングを推進・発展させていくにはどうしたらよいだろうか。それは自社の持続可能な経営・マーケティングと自然環境や社会の持続可能な発展を同じ軸に乗せることである。それによって，サスティナビリティ課題への対応（社会・環境価値の創造）が自社の生存・発展の可能性を高め，高い企業価値と強い競争力を獲得できる。ピーター D. ビーダーセンによれば，それは，企業が社会・環境価値の創造に貢献すればするほど，自社の企業価値

が向上する，あるいは良い企業が発展すればするほど社会の健全な発展が促される関係であるという（ビーダーセン，第6章）。

　ビーダーセンは社会・環境価値の創造として次を例示している。
- 未解決の環境問題・社会課題への対応が進む
  例：温室効果ガスの排出増が鈍化する。貧困国市場，途上国市場の健全な発展が進む。
- 満たされていない現在世代の基本的ニーズが満たされる
  例：貧困層の絶対数や慢性的な栄養失調人口の減少。飲料水や電気などの普及。
- 経済発展の在り方が変わることによって，将来世代の生存・発展可能性が高まる
  例：生態系の価値が正しく評価され，その保全が進む。適切な炭素税などの税制変革。
- より健全で安心・安全な社会が実現される
  例：途上国でも安心・安全な仕事場が一般的になる。経済発展による治安の改善。
- 希望，夢，感動，幸せ，充足感のある暮らしが広まる
  例：エイズなど疫病が継続的に減少もしくは撲滅。暮らしの質が向上する。

一方，企業価値の向上は次の効果をもたらす。
- 新しい市場が開拓できる
- 自社の商品・サービスがより売れるようになる
- 自社の評判が高まり，顧客ロイヤルティが向上する
- 自社のブランド価値が高まる
- より士気の高い，忠誠心ある人材が確保・維持できる

　社会・環境価値を創造し，それによって自社の企業価値を向上させている企業は増えている。例えば，デンマークの風力発電機メーカーのヴェスタスは「風力発電機を製造・販売する」という事業の使命が「未解決の環境問題・社会課題への対応」や「経済発展の在り方を変える」という社会価値の創造に組

み込まれて，プラスの循環に乗っている。またモハマド・ユヌスによって設立されたグラミン銀行は，貧困層に少額を無担保で貸し出す。「貧困層のためのバンキング」は「未解決の社会課題」「満たされていない現在世代の基本ニーズの充足」に貢献している。ユヌスは少額貸し出しの「マイクロクレジット」の発明・普及への貢献により，ノーベル平和賞を受賞した（2006）。

3　サスティナブル・マーケティングの実践：D社の循環型ビジネス

3.1　D社の沿革

　サスティナブル・マーケティングの実践事例として，資源循環型ビジネスをトータルに展開するD社をみてみよう。D社は，リサイクリング・ビジネスを通じて，未解決の社会・環境課題に対応して，企業価値を高めている例である。

　D社の前身は1884年創業の鉱山会社である。大きな銅鉱床の発見があり，間もなく日本最大の鉱産額を誇る大鉱山に発展。第二次大戦後の国内鉱山全盛時代（1960s～1980半ば）には，「黒鉱」と呼ばれる複雑硫黄鉱から銅，鉛，亜鉛をはじめ貴金属やレアメタルを取り出す選鉱技術，精錬技術を発展させた。

　その後，オイルショック，円高，可採鉱量の枯渇などから国内の黒鉱鉱山は全て採掘休止となり，海外の輸入複雑硫化鉱の処理を開始し，リサイクル原料の製錬，不動産業や建設などに事業を多角化して生き残りを模索する。2000年以降は，循環型社会づくりの追い風を受けた使用済み製品のリサイクル事業，電気電子産業の高度化に伴う多種類金属の使用傾向を受けて黒鉱処理で培った製錬技術による非鉄金属回収事業，土壌浄化事業（鉱山の一旦休止した選鉱場を汚染土壌の浄化施設として活用）など事業の選択と集中を推進してきた。2006年，持株会社制を導入し，D社に社名変更すると同時に，5つの事業部門を会社分割し，各事業会社とした。

3.2　D社グループの事業内容と戦略

　1990年代の鉱山の閉山や事業多角化の失敗の後，2000年以降，事業構造改革

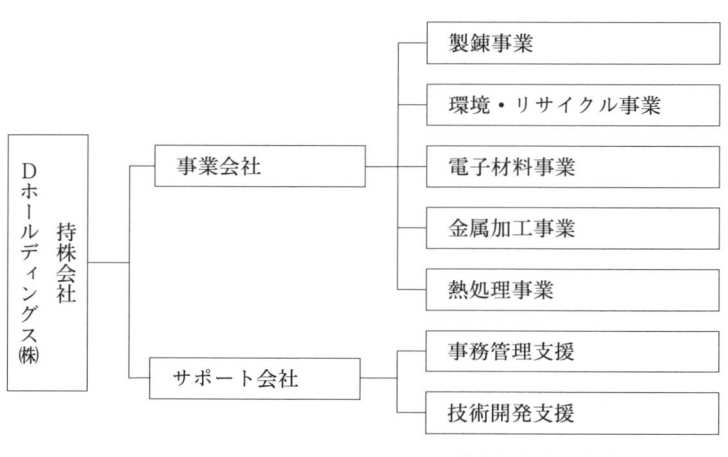

図12-1　D社のビジネス組織

```
Dホールディングス(株)（持株会社）
├─ 事業会社
│    ├─ 製錬事業
│    ├─ 環境・リサイクル事業
│    ├─ 電子材料事業
│    ├─ 金属加工事業
│    └─ 熱処理事業
└─ サポート会社
     ├─ 事務管理支援
     └─ 技術開発支援
```

（『有価証券報告書』より作成）

を推進し，組織を見直し，持株会社制と5つの事業会社制を敷いた（2006年）。5部門の関係会社は約60社に上り，事業所は全国に展開するが，とりわけ発祥の秋田県北部地区は最重要拠点である。

　各事業部門（会社）はバラバラにあるのではない。5つのコアビジネスを有機的に繋いで，環境ビジネス，リサイクル・ビジネスのシナジー効果の発揮を狙っている。

　例えば，グループ会社などにより収集・運搬された廃棄物は，廃家電であれば，地区の家電リサイクル工場へ，産業廃棄物であれば，同じ地区の別のリサイクル会社へ，シュレッダーダスト（ASR）や汚染土壌であれば，別会社に搬入され，それぞれ中間処理される（分解・分別，リユース部品回収，破砕・選別，粉砕・洗浄，焼却など）。それぞれの中間処理後の廃棄物・残渣は，製錬会社Aで貴金属，銅，鉛などを，製錬会社Bで亜鉛を回収（生産）する。自動車の廃触媒は別会社で白金族を回収する。最後に残った残渣物は，無害化処理などをしてグループの最終処分場や別の巨大な最終処分場（鉱山の露天掘り跡地）に埋め立てられる。

広大な地域にこれらのグループ企業が立地して，まさに廃棄物の一大循環型リサイクル・ビジネスが展開されている。通常のリサイクル工場の沿岸立地と違って，秋田県北部の内陸部というリサイクル適地とは言えないところに10社以上のグループ会社が廃棄物の回収，解体，金属製錬，焼却，最終処分を行い，集積による付加価値と競争力を生みだしている。製錬会社Aは2007年に新型溶融炉（約120億円投資）を導入し多種多様なリサイクル原料や難処理原料，製錬中間産物，高貴金属含有精鉱を効率的にリサイクルできる体制づくりを進めている。

その強みを具体的に述べると次のとおりである。

(1) 鉱山事業では，1つの鉱山，鉱石から複数の有用金属を産出するので，その選鉱工程のノウハウや濃縮した各精鉱をさらに製錬工程で目的物と不純物を分離する技術などを廃家電製品のリサイクルやE-WASTE（廃電子機器）に活かして，約20元素の金属回収をめざしている。製錬所ではリサイクル原料から，鉱石（精鉱）原料と同品質の金属を生産できる強みがある。鉱山・製錬のノウハウ，設備，技術，資金を，環境・リサイクル事業に上手に移転できた結果であるとも言える。

(2) 製錬工場の再利用もそうだが，かっての選鉱場施設をそのまま活かした汚染土壌の浄化ビジネスは新規投資をする場合に比べて大きな競争力になっている。同じように，露天掘りの跡地に作った最終処分場を有することは，最終処分場が逼迫している状況で大きな強みである。

(3) 金属リサイクルは，有用金属であっても環境負荷物質である。例えば，鉛やカドミウムが典型である。また，精鉱中の不純物として出てくる砒素も有害金属であり，それらを製錬工程で分離・再資源化でき，環境ビジネスにおいて独自の役割を果たしうる。

(4) 多様な受け皿と一貫システムを持つので，廃家電，E-WASTE，貴金属スクラップ，自動車触媒（PGM），使用済み自動車，自動車シュレッダーダスト，産業廃棄物全般，フロン，汚染土壌などほぼ全ての廃棄物を引き受け，効率的にリサイクルできることである。

(5) 国内国外での環境規制の強化，金属市況の乱高下，金属資源の確保の不安定状況などは，鉱山・製錬の「動脈事業」から環境・リサイクルの「静脈事業」に大きく変身したＤ社にとって追い風であったが，このところの厳しい経済状況に起因する廃棄物量の減少で，事業の効率が落ち込んでいる。「強み」が「弱み」と表裏一体であるという一面である。新たな戦略としての海外展開が重要になっている。

３．３　地域社会との連携

　秋田県小坂町には現存する日本最古の芝居小屋「康楽館」（1910年，鉱山の厚生施設として建築。現在，国重要文化財指定）があり，今でも常設の演劇や歌舞伎公演が行われている。堂々たるアメリカ木造ゴシック風の建物は，鉱山の繁栄と地域社会との結びつきを伝えている。

　地域社会との新しい連携の１つとして，Ｄ社の事業会社は，国の「秋田県北部エコタウン事業」推進の中核企業になっている。具体的には，リサイクル会社が，秋田・青森・岩手３県の家電４品や廃ＯＡ器機の分解・再資源化事業に参加し，製錬会社Ａも有用金属の回収等を担う。

　また，地域の協力無くしては進まない，使用済み小型家電等（デジタルカメラ，携帯電話，ゲーム機等，家電リサイクル法の基づく４品目を除く雑多な電子・電気製品類）の回収・資源化の国のモデル事業には，2006年度から受け皿企業として参加している。この事業は有効なリサイクルが行われてこなかった使用済み小型家電等から，注目度が高まっているレアメタルの再資源化を主な目的としている。

３．４　海外環境事業展開：蘇州Ｄ社資源綜合利用有限公司

　Ｄ社の海外環境事業展開は，中国，アメリカ，東南アジアで行われているが，ここでは，中国事業に触れる。

　Ｄ社の中国進出（2003.12）の背景は，一言でいえば，環境ビジネス機会を活かす市場環境整備が進んできたということになる。もともと中国の産業廃棄

物と一般廃棄物を合わせた廃棄物の発生総量は日本の2倍以上ある。「世界の工場」の一層の進展で廃棄物発生量の急速な増大と資源リサイクルの強化が要請されていた。しかしながら中国国内のリサイクルは，法律の未整備や小規模かつ技術・設備の劣るリサイクル業者の乱立で統率が無い非効率で環境負荷の大きな状況であった。その後の，ＷＴＯ加盟による金銀取引の規制緩和，資源循環型社会に向けた廃棄物の管理強化・資源リサイクルの推進，法規制の強化，日本企業をはじめ世界各国の企業の進出ラッシュ，しかも単に安価な労働力目当ての組立型産業の進出から素材や化学系企業の進出へのシフトもあり，Ｄ社のビジネス参入の状況が整ったことである。

　日系企業の集積度が高い江蘇省に進出。操業は2004年末からであったが，当初1年半ぐらいは電子廃棄物などの対象リサイクル原料が集まらなかったという。2007年春頃にようやく単月の黒字化に転換した。

　事業内容は，貴金属リサイクルや廃棄物処理である。江蘇省全域で日系企業・外資系企業を主に，電子基板や高品位の原料を収集する。その後，江蘇省での拡大や天津地区などにも事業エリアを広げて，より総合的な環境・リサイクル事業（廃棄物処理，土壌浄化，リサイクル，環境コンサルタントなど）の展開をすすめている。

参考文献

Peattie, Ken (1992), *Green Marketing*, Pitman Publishing, 1992.（ケン・ピーティ，三上富三郎監訳（1993）『体系グリーン・マーケティング』同友館）

Peattie, Ken (1995), Environmental Marketing Management, *Financial Times*.
　環境省編『環境白書』および『循環型社会白書』の各年版。

クリストファー・フレイヴィン編著（2008）『ワールドウオッチ研究所　地球白書008-09』ワールドウオッチジャパン。

小宮山宏・武内和彦（2007）「サスティナビリティ学の提唱」小宮山宏編『サスティナビリティ学への挑戦』岩波書店。

デニス・L・メドウズ他著（2005）（枝廣淳子訳）『成長の限界　人類の選択』ダイヤモ

ンド社。

ピーター D.ビーダーセン（2009）『第5の競争軸』朝日新聞出版。

三橋規宏（2006）『サスティナビリティ経営』講談社。

ロベール，K.H.（1996）（市河俊男訳）『ナチュラル・ステップ』新評論。

ロベール，K.H.（1998）（高見幸子訳）『ナチュラル・チャレンジ』新評論。

大江宏（2010.3）「資源リサイクリング・ビジネスと持続可能な国際資源流通」『アジア研究所紀要』第36号。

亜細亜大学経営学部マーケティング研究会『マーケティング入門』五絃舎，各版。

第13講　サービスとホスピタリティの
　　　　　マーケティング

> **キーワード**
>
> 顧客志向マーケティング，4Pマーケティング，4Cマーケティング，
> マーケティング・コンセプトの拡張，製品概念の拡張，サーブカル（SERVQUAL），
> サーバクション（Survaction），サービスの商品特性，内的マーケティング，
> 経験価値マーケティング

1　マーケティング小史 ── 製品志向から販売志向そして顧客志向へ

　序で述べたように，19世紀から20世紀初頭にかけて，マーケティングという言葉でまとめられることになる製造企業の対市場活動が一般的になってきたが，そこでは文字通り，「物」をいかにに大量に生産しいかに大量に販売していくかということが課題であった。この時代のマーケティングの考え方を性格づけると，「生産志向のマーケティング」から「販売志向のマーケティング」へと軸は移っていったものの，もっぱら生産や販売に関心の中心が向かっている（志向）時代であった。

1.1　4Pマーケティング

　1960年，マッカーシー（E. Jerome McCarthy）は，多岐にわたるマーケティング活動を4つのPで始まる用語で整理し，その中心に顧客をおいた。4つのPは，製品（Product），価格（Price），流通（Place），プロモーション（Promotion）である。そして，対象とするのは消費者一般ではなく，自社製品の具体的な対象となる顧客（Customer：標的顧客：target customer）を

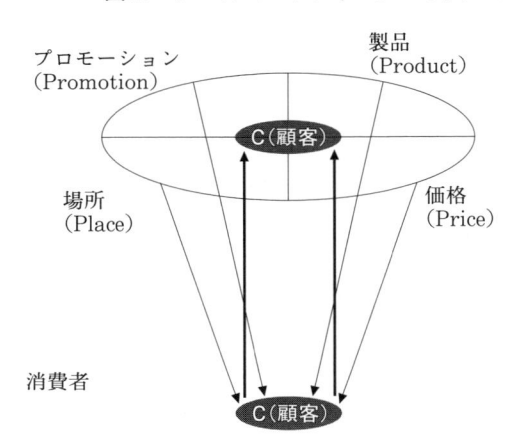

図13-1　4Pマーケティング・ミックス

プロモーション
(Promotion)

製品
(Product)

C（顧客）

場所
(Place)

価格
(Price)

消費者

C（顧客）

想定し，そこにこれらのマーケティング活動の4要素をうまく組み合わせていく（マーケティング・ミックス概念）というフレームを提示した。以後こうした考えの基にマーケティングは，実践としても学問としても発展していった。これを「4Pマーケティング」と呼び，現在においてもマーケティングは，本書も含めこのフレームに基づいて説明されている。

1.2　IMCと4Cへ

やがてマーケティングは，さらに顧客へと近づいていく。シュルツら（Don E. Schultz, Stanley I. Tannenbaum, Robert F. Lauterborn）は，マーケティング活動全体が顧客へのコミュニケーション活動であると考え（1992年のIntegrated Marketing Communications：Putting It Together & Making It Work），「統合されたマーケティング・コミュニケーション（IMC）」という考え方を提起した。やがてこの考え方をベースに，4Pにかわる4Cという考え方が示されるようになった。4Pが企業サイドからの活動分類であるとすれば，4Cは，それが顧客サイドから見た場合どうなるのかという考え方から捉えられたものであった。したがって，製品ではなく「Customer Value（顧

第13講　サービスとホスピタリティのマーケティング　173

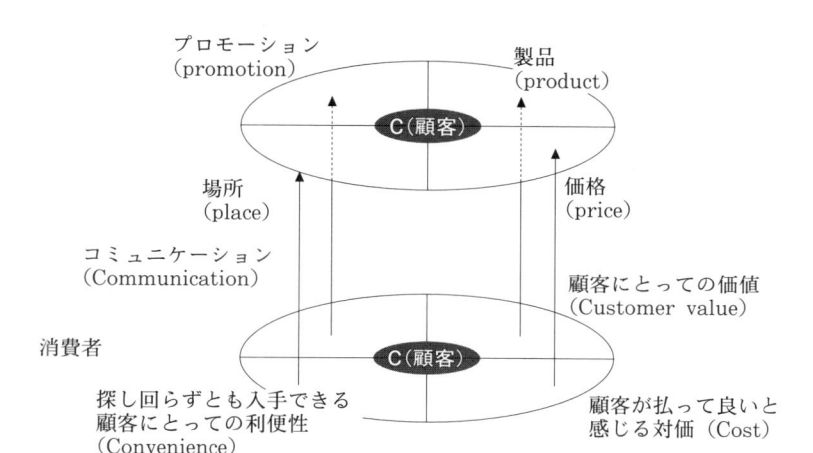

図13-2　4Cマーケティング・ミックス

```
プロモーション                製品
(promotion)                (product)
            C (顧客)
    場所              価格
   (place)          (price)
コミュニケーション
(Communication)
                        顧客にとっての価値
                        (Customer value)
消費者
            C (顧客)
 探し回らずとも入手できる        顧客が払って良いと
 顧客にとっての利便性         感じる対価 (Cost)
 (Convenience)
```

客にとっての価値)」であり，価格は「Cost（客が払って良いと感じる対価）」，流通は「Convenience（探し回らずとも入手できる顧客にとっての利便性）」，プロモーションは「Communication（一方的な情報伝達ではなく顧客との双方向のコミュニケーション）」であると考えた。

　以上のように，マーケティング活動の出発点が顧客へ顧客へと移っていく一方で，その流れと呼応するかのように，提供する製品そのものについての考え方が大きく変わってしまう出来事があった。

2　1969年に何があったか

　1969年は，マーケティングの歴史において重要な年であった。

　この年に，コトラーとレヴィによる，マーケティングの考え方（コンセプト）を拡張して適用すべきであるという主張の論文が発表された（Philip Kotler and Sidney J. Levy (1969), "Broadning the Concept of Marketing", Journal of Marketing, January）。この論文で彼らは，これまでモノを中心としたマーケティングが

考えられてきたが，マーケティングの考え方はもっと可能性を持っており，モノ以外の，サービスはもちろんのこと，たとえばアイデア（ある考え）や人や土地などについても応用が利くものであり，そのようにすべきであると主張した。

　これ以後約10年にわたってマーケティング学界では，マーケティングのアイデンティティ論争が繰り広げられた。コトラーらの主張は，本来のマーケティングからは逸脱したものであり，このままではマーケティングだかなんだか分からなくなってしまうという批判が巻き起こり，これらの批判との間で論争が繰り広げられたのである。しかしながら，最終的にはコトラーらの主張が勝利を収め，以後マーケティングは，この方向で，実践も理論も展開されていくことになった。

2．1　製品の考え方の拡張

　マーケティングの考え方の拡張においてもっとも重要な意味を持ったのは，製品の考え方の拡張であった。たとえば，宗教は人びとの平和な生活や幸せを提供し，それによって信者を獲得し，その規模を拡大していく。つまり，幸福が商品であり，信者獲得に向けて有効なプロモーションは何かを考えるという発想である。アメリカではテレビを使った教会のサービスが活発で，毎日曜日に全米に向けて放送されている。

　コトラーらは，教会だけでなく，警察，慈善団体，大学，博物館，選挙の立候補者などをマーケティングを行う主体として取り上げ，それらの組織や人にとっての製品を，たとえば，「人々を守るというサービス（警察）」「宗教上のサービス（礼拝は文字通りサービスと呼ばれている）」「人々の幸福感（慈善団体）」「教育（大学）」「文化の理解（博物館）」「誠実な政治（選挙）」と捉えてみることを提唱した。

　政治家といえば，わが国においても政党によるCMが頻繁に見られるようになったが，アメリカにおける大統領選挙の時の激しい広告合戦を思い出せば，ここでのマーケティングの拡張としての「人のマーケティング」を理解できる

であろうし，文字通り「タレント」という芸能「人」を売り込むのが芸能プロダクションのマーケティングである。モーニング娘やAKB48などはその成功例である。また，「土地」のマーケティングという考え方からは，観光地への旅行者の誘致も，マーケティングの考え方によって取り組まれるようになった。

　大学もまた，マーケティングの考え方を適用してきている。教育を商品と考え，学生を顧客と考えるのである。かつて亜細亜大学は，半年間学生をアメリカに派遣するプログラムをセールスポイントに，日本で初めてテレビCMをおこない大変な話題を呼んだ。今では，電車の車内広告を行なっている大学は，枚挙にいとまがない。

　その他，骨髄バンクへの骨髄提供を呼びかけるCMや振込め詐欺に引っかからないよう注意を促す公共広告機構のテレビCMが，今日では当たり前のように放送されるようになっている。

　このように，信仰や教育，慈善といったいわば形のないものに対するマーケティングの適用は，要するにマーケティングの適用対象の拡大であった。そして，こうした動きは，サービスのマーケティングへと必然的に展開されていった。

3　サービスのマーケティング

3.1　サービスの商品特性

　サービスの商品特性は，それが人によって提供される点に特徴があり，次のようにまとめられている。

　　無形性
　　同時性（あるいは不可分性）
　　変動性
　　消滅性

　つまり，サービスには形が無く，その生産（提供）と消費は同時に行われ分けることができない。しかも，生産とともに消滅し保存することができない。

また，サービスの品質は提供する人によって異なる（バラツキがある）。

サービス品質が人によってまちまちになることについては，マニュアルを用いることによって，サービス提供者（接遇者）が提供するサービスの均質化が図られている。

もっとも，このような試みはマーケティングの初期から行なわれていたことは，指摘しておかなければならないだろう。20世紀初頭，ナショナル金銭登録機会社（National Cash Resister Co.）のパターソン（John H. Patterson）によって，セールスマンのセールストークの標準化が試みられ，組織的な販売員訓練が行われた。これにもとづいて，販売上のタスク（課業：ここまでは標準的にやれるはずという仕事内容）が設けられたり販売割当（sales quota）が課され，課業管理（task management）が行われた。科学的管理法の考え方の販売への適用である。

3.2 サーブカル

このように，サービスの，人に依存するがゆえの変動性への対処は，かなり早くから行われていたが，1980年代後半から90年代にかけて，サービス品質の測定フレームとして，サーブカル（SERVQUAL）が開発された（Zeithaml, Parasuraman & Berry, 1990）。サービス（service）とクオリティ（quality）からなる造語である。

この方法は，顧客がサービスに対して持っている期待と実際に受けたサービスとのギャップ（差）を測定し，それをサービス品質の改善に役立てようとするものである。

　　Reliability（サービスへの信頼性について）
　　Assurance（丁寧さや安全性は保証されているか）
　　Tangibles（設備など目に見える有形の部分）
　　Empathy（顧客に対する理解やコミュニケーションなどの共感性にかかわる部分）
　　Responsiveness（反応の良さや迅速性など応対にかかわる部分）

に分けて測定し，サービス品質の改善に役立てるのである。

3.3 サーバクション・システム

　先のような4つの特性を持つサービスが，どのように提供されるのかを示したフレームがサーバクション・システム（survaction system）である。サービス（service）と生産（production）とをつなげた造語で，サービスの生産とサービス消費の特性をよく示している。

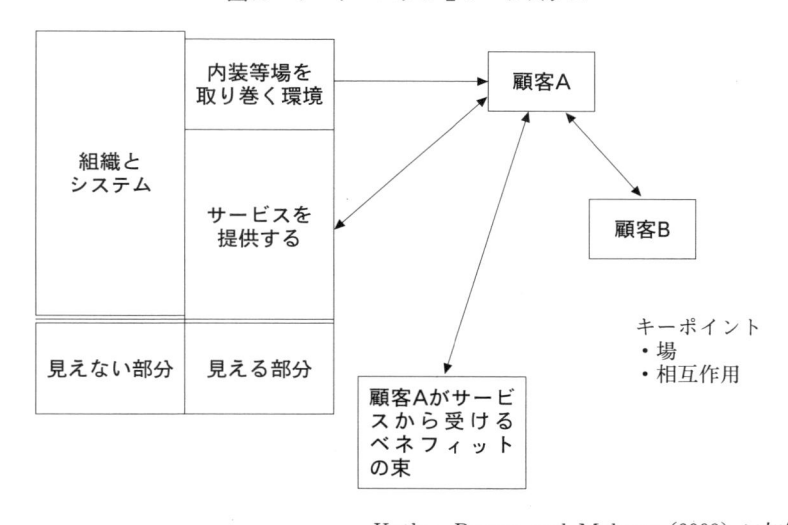

図13-3　サーバクション・システム

```
┌─────────┬─────────────┐
│         │  内装等場を   │ ──→  ┌──────┐
│         │  取り巻く環境 │ ←──  │ 顧客A │
│ 組織と  ├─────────────┤      └──┬───┘
│ システム│             │         ↕    ↘
│         │  サービスを │ ←──→         ┌──────┐
│         │  提供する   │              │ 顧客B │
│         │             │              └──────┘
├─────────┼─────────────┤     ↕
│見えない │  見える部分 │          キーポイント
│ 部分    │             │          ・場
└─────────┴─────────────┘          ・相互作用
                    ↕
              ┌──────────┐
              │ 顧客Aがサー │
              │ ビスから受け│
              │ るベネフィッ│
              │ トの束      │
              └──────────┘
```

Kotler, Bowen and Makens (2003) に加筆。

　図によって分かるように，店員やウェイターなどの接遇員（contact personel）が一人の客と接するとしても，客は単に相手をしてくれているその店員とだけ接しているわけではないということをサーバクション・システムは示している。客は，来店している他の客にも影響を受ける。たとえばアパレルのお店であれば，自分と似たテイストの人や素敵だと思えるような人が来店していれば，自分が場違いのお店に来ていないことを確信して安心してショッピングを続けることができるだろう。それに対して，自分とはかけ離れた年齢層の人がいたり，

自分のテイストとは合わない人がその店で買い物をしていたりすれば，自分が場違いの所に来たのではないかという不安に駆られ店を出ていくかもしれない。暗黙のもとに交わされるこうした客同士の相互作用は，それがプラスの方向に作用すれば，その場におけるサービスの質は高まるであろう。

場を取り巻く環境は「らしさ」を生み出し，それらしい雰囲気を作り出す。Hard Rock Caféやモンスーン・カフェのようなテーマレストランだけでなく，いかにもパティシェ風の，あるいは，いかにもシェフらしい清潔なユニフォームは，ケーキ店やレストランで提供されるお菓子や食事を美味しくする不可欠の「らしさ」である。

しかしながら，顧客と接する接遇員はやはり決定的に重要な存在である。彼／彼女の対応如何によってサービスの質が決まってしまうからである（決定的瞬間）。対応の親切さや丁寧さはもちろんのこと，商品知識の深さや仕事への愛情や熱意，満足感，これらがサービスの質に大きな影響を与える。満足している従業員は良いサービスを提供するものである。ここから，従業員に対する内的マーケティング（従来の製品に対する対外的なマーケティングではなく，社員という内部の人間に対するマーケティング）の必要性が主張されるようになった。

このような内的マーケティングや店舗運営そのものを支えているシステムや組織は，サーバクションの場においては「見えない部分」であるが，重要な役割を果たしている。

接遇員と相対する場である店内の装飾や雰囲気は，目に見える部分である。これら，「見える部分」とそれを支える目に見えない部分と，さらには来店する他の客との相互作用が創り出す場が，サービスが生産される「場」に他ならない。

このように，サービスの生産（提供）と消費が同時に行われるということは，商品の価値が実現する場が消費の過程にほかならないことを示している。モノであっても，それが日常的に使われていく中でその価値が実現されていくことを認識することで，製品開発の姿勢はガラリと変わるだろう。たとえば，毎日

のように使っている携帯電話の日本語変換を考えてみよう。使っていく過程でどんどん変換がスムーズになっていくことが実感できれば，その携帯の商品価値は上がるだろう。こうして，経験そのものの過程の中で価値が実現するという，「経験価値マーケティング」という考え方が生まれてきた。

4　経験価値マーケティング

1999年，パインとギルモアの『経験経済』（B. Joseph Pine II and James H. Gilmore, The Experience Economy）とシュミットの『経験価値マーケティング』（Bernd H. Schmitt, Experiential Marketing）が刊行された。いずれも，消費の場やプロセスを重視するものであった。

シュミットは，経験価値マーケティングは次のような要素によって構成されていると考え，それらの要素への働きかけが重要であるとした。もちろん，これらはばらばらでも組み合わせても使われるが，要する，消費者は単なるモノの消費をしているのではないということ，消費のプロセス自体の中で，その商品の価値が実現していくという動的でプロセス的な認識に立っている。したがって，先のサーバクションのように，消費の場においてつぎの5つの要素が絡み合って，その商品が約束する便益が実現されるのだと考える。

- SENSE（感覚的経験価値）
- FEEL（情緒的経験価値）
- THINK（創造的・認知的経験価値）
- ACT（肉体的経験価値とライフスタイル全般）
- RELATE（準拠集団や文化との関連づけ）

SENSEは文字通り五感に訴える。FEELは，企業やブランドに対する愛着などの情緒的価値に訴える。THINKは，顧客が考えることでそれまでの通念を変えるように促すことである。考えさせることを通じて商品コンセプトを築いていくといっても良いだろう。ACTは，他者との接触などの活動や相互作用を通じて生じるライフスタイルの強化や変化である。RELATEは，ブラン

ドに反映される社会的な準拠集団や文化的な文脈に関連づけることで生まれる。

たとえば，あるブランド製品をもつことである種の社会的（価値観を持った）グループに属することを示すことができ（RELATE），そうした帰属意識が心地よいものであれば（FEEL/SENSE），そのブランドを消費することでそのような経験価値を創り出すことができる。たとえば，スイスの高級時計Patek Philippeは，その広告に必ず幸せそうな親子二世代を登場させる。多くは父親と息子であるが，時に母親と娘も登場する。そして，その腕時計が，親から子へそしてまたその子が親になってその子へと受け継がれていくことが暗示される（SENSE/FEEL）。裕福で幸せな家庭の一コマの中で示される腕時計は，もはや単なる高額な腕時計ではない。そうした社会階層への帰属を約束するアイテムなのである（RELATE）。「実際の所あなたはPatek Philippeを所有するわけではありません。次の世代のために大切に伝えていく役目を果たすだけなのです。」

消費の場，プロセスにおいてその商品価値を実現するという考え方は，相互作用的なマーケティングとしてのホスピタリティ・マーケティングへとつながっていく。

5　ホスピタリティ・マーケティング —— 相互作用から共創へ

ホスピタリティ商品は，人が関わって成立する。むしろ，人が関わらなければ成立しない，といった方が良いかもしれない。

ホスピタリティという言葉は，一般的には「おもてなし」と捉えられ，具体的には，観光やレストランなどの業界およびそれらと関連する業界において提供される。観光にはホテルや食事が不可欠であり，観光地へと移動するためには旅行業者や航空機，搭乗までのグラウンドスタッフや搭乗後のフライトアテンダントのお世話にならなければならない。地中海クラブのように，クラブ・マネジメントも必要になってくる。移動は飛行機だけでなく，船も列車もある。これらさまざまな仕事に関わる人々は，すべて，ホスピタリティ商品の成立に

関わっている。

　ちなみにコトラーらは，ホスピタリティ・ビジネスをホテル事業とレストラン事業を中心にし，観光事業がこのホスピタリティ事業と旅行事業とから構成されるとしている。つまり，旅行，ホテル，レストランである。

　ホスピタリティ商品とは，具体的には，美味しいことは当然のこととして，楽しい食事であり，かけがえのない人との楽しい語らいのひとときである。そして，楽しい旅であり，旅先での未知の人々との出会いであり，くつろげる滞在であり，家族や大切な人との素敵な思い出である。

　ホスピタリティ商品は，先に見たサービスと同じ商品特性を持っているが，とりわけ，顧客とともに作っていくという「共創」の側面を持っている点が異なっている。そしてもう一つ，「消費の場，消費のプロセスにおいてその商品価値を実現する」形のない商品である，という点に特徴を持っている。

　それが提供される場に関わり，顧客とのインタラクションをベースとするホスピタリティは，単なるサービスの提供とは異なる。その意味ではサービスを超えておりマニュアルを超えた部分で顧客との相互作用関係を作らなければならない。しかも，主役である顧客に対して，常に名脇役として接し，気配りすることで，その顧客の素敵な思い出の実現に貢献しなければならない。その意味では，プロセスの中で商品価値を実現してもらう経験価値マーケティングの考え方に最も近いかもしれない。ただし，それだけにとどまらず，みずからも提供する商品の一部となって，その価値実現のプロセスにかかわるのである。

参考文献

Kotler, Philip, John Bowen and James Makens (2003), *Marketing for Hospitality and Tourism*, Third Edition, p.63.

コトラー，ボウエン，メイケン（亜細亜大学ホスピタリティ・ビジネス研究会）(1997)『ホスピタリティと観光のマーケティング』東海大学出版会。

Kotler, Philip and Sidney J. Levy (1969), "Broadning the Concept of Marke-ting", *Journal of Marketing*, January.

Langeard, E., J.Bateson, C. Lovelock, and P. Eiglier, Marketing of Services : New Insights from Consumers and Managers, *Report* No.81-104, Cambridge, MA : Marketing Science Institute, 1981.

McCarthy, E. Jerome (1960), *Basic Marketing*, Irwin.

パインとギルモアの『経験経済』(1999) (B. joseph Pine II and James H. Gilmore, *The Experience Economy*).

Schultz, Don E., Stanley I. Tannenbaum, Robert F. Lauterborn) (1992年のIntegrated Marketing Communications) *Putting It Together & Making It Work*.

シュミット, バーンド (1999)『経験価値マーケティング』(Bernd H. Schmitt, *Experiential Marketing*).

Zeithaml, Parasuraman & Berry, "Delivering Quality Service; Balancing Customer Perceptions and Expectations," Free Press, 1990.

第14講　マッチングのプロセスで何が起こっているのか

> **キーワード**
>
> GDロジック，　SDロジック，　サービス，　サービシーズ，　共創，　デザイン，消費のプロセス，　顧客体験，　交換対象物，　EPR

　イサム・ノグチの作品「ブラック・スライド・マントラ」は，札幌大通公園にある。黒御影石でできた，滑り台でもある彫刻作品である。実際，後ろに回ると階段がありそれを登ってクルリと滑り降りることができる。彼は，「この作品は子どもたちのお尻で磨かれ完成する」と言った。本講では，このことの意味を考えてみたい。

1 マッチングの今

　本書は，マーケティングとはマッチングであるという認識から始まった。マーケティングとは，需要と供給とを出会わせることであると述べた。欲しい物を自ら供給する自給自足から，欲しい物を他者から手に入れるという分業の発生とともに，マッチングの問題は生まれた。交換というものがそんなに簡単に実現するわけではないからである。

　マッチングは，すでにあるものを前提として，それらの交換をスムーズにするために，一カ所に取り揃え，欲しい物を見つけやすくするという工夫から始まった。商人は，みずから消費するためではなく，よそから仕入れ，品揃をして，個別の生産者同士では交換が成立しがたい状況を克服するという役割をになった。

　このように，商人は，生産するのではなく，多くの生産者の物を取り揃えることで，買手の選択肢を広げ，交換をスムーズにしたが，やがて，みずからも生産にかかわることで，買手の選択肢をさらに広げた。大手商業者のプライベートブランドは，そうして生まれた。このような商人の生産への関わりは，今日ではさらにその範囲を広げ，イオンのトップバリュは，衣食にかかわるほとんどのカテゴリをカバーしている。

　セブン＆アイのプライベートブランドであるセブンプレミアムは，大手メーカーと共同で商品を開発し販売を行っている。

　このように，今日，流通と生産の分業のあり方が不分明なものになってきており，ますますその境界が分からなくなってきている。

　通販業者であるジャパネット・タカタは，消費者の使用法や使い勝手を考えて，メーカーにジャパネット仕様の製品を提案し供給してもらったりしている。これも，流通業者の生産段階への関わりである。

　以上のような経緯に，サービスや感動など形のないモノが交換対象として加わってくると，マッチングのプロセス（さらには価値の実現のプロセス）は，

ますます多様になってくる。ここに，消費者が参画して商品を創り上げる，共創といった考え方が生まれてきた。

2　GDロジックからSDロジックへ？
── 形のあるモノから形のないものへ ──

　現在，マーケティング学界では，形のあるモノから形のないものを重視するという，視点の転換が起こっている。

　GDロジックとは，物を中心に考えるマーケティングの考え方で，「マーケティング」という概念が生まれてからずっと，「サービスのマーケティング」が考えられるようになるまで中心的な考え方となってきたものであり，今も，その中心性は変わってはいない。こうした考え方をGoods Dominant Logic（モノを中心に考える考え方）と呼んで，新たに台頭してきたSDロジック：Service Dominant Logic（「サービス」を中心に考える考え方），と区別しようとしている。

　この潮流は突然生まれたわけではなく，先行するさまざまな研究に通奏低音のように流れている，ビジネス活動における形のないものへの重視や価値の実現に対する考え方（ロジック）を整理し，それをGDロジックと対比させてSDロジックと名付けたのである。

　ここで「サービス」という言葉に注意しなければならない。

　SDロジックでは，たとえば，配送サービスとかアフターサービス，レストランのサービスといったいわゆるこれまでサービスと呼ばれてきたものは，servicesと複数形で表現する。本来serviceという単語は不可算名詞（uncountable）であるが，さまざまな業界やサービス産業で多様に提供されるサービスをそれぞれ個別のものと捉えて，このように複数形で表現するのである。そして，単数形のserviceは，形のあるモノであったり形のないものであったりする「商品」を通じて実現する価値について考えるために用いられる。

　いわゆるサービス概念が持つ重要性は，生産と消費が同時に行われるという同時性と，必然的にそれが時間の経過（つまりプロセス）を伴うものであると

いうこと，また，サービスの生産者と消費者との間で相互作用の局面が介在するという点である（第13講参照）。そこから，プロセスという側面には「関係性」が，相互作用という側面には「共創」という概念が導き出される。

こうした相互の関わりと時間経過の中で価値が実現するという認識に立ち，相互作用の過程で何が起こっているのかを考えていくことが重要視される。消費のプロセスは製品の利用のプロセスであり，そうした時間経過の中で価値が実現されていくのだという認識から，時間・プロセス・相互作用を，商品価値の実現に重要であるとしたこと，これがSDロジックの最大の特徴と意義であろう。

3　消費とはどういうことなのか，価値はどのように実現するのか

ジャパネット・タカタの高田社長は，デジカメを通販商品に取り上げるかどうかの検討の中で，次のようなことを考えた。以下は，テレビ朝日『カンブリア宮殿』（2006年）の中でのやりとりである。

　1000万画素の製品を取り上げ，700万も800万も変わらない。手ぶれ補正も，今ではほとんどの機種が備えている機能です。それに対して，買う人がどのようにデジカメを使うかを考えなければならない。パンフレットの液晶画面へのはめ込みの写真（嫁ぐ花嫁）と赤ん坊の写真を指さして，「これなんですよね，大切なのは」と。

　購入者が使うシーンをイメージしやすいこと，花嫁の写真，赤ん坊の笑顔を見てそのデジカメを手に取ってみたくなる，そういうコンテキストからの導きの大切さを強調する。特に，通販を利用する人は年配者が多い。

　次に，アシスタントの小池に質問。

　「もし，あなたが結婚式で，ご両親から，ポスター大の毎年撮ってもらった写真を20枚ご両親から受け取ったらどんな気持ちですか？」と聞かれる。

　「それはとても嬉しいですね。そんな使い方は考えても見ませんでした。

売り場では，こうした機能がある，ああした機能があるといった機能の比較ばかりですし、、、、」

　高田氏が常に考えているのは，企業の視点とは違った使う側の視点からの「使い勝手」に焦点を当てた商品紹介である。

　メーカーのセールスポイントと高田氏のセールスポイントとは，常に食い違うという。

以下は個人的な体験である。

　3年ほど前，父の米寿の記念に，お墓参りを兼ねて父の実家を尋ねた。父の妹の連れ合いである80近い伯父は，振り袖姿の孫娘の写真を自慢げに見せてくれた。日本庭園に立つ着物姿は，縁取りが粗くやや宙に浮いたような感じであった。庭と人物との合成写真だったのだ。伯父は，本当は，素敵な日本庭園に振り袖姿の孫娘を立たせ，デジカメの腕を振るいたかったのであろう。

　思い出話などに花を咲かせている間，伯父は，父と妹（伯父の連れ合い）の写真や，私と子どもたちのスナップなどを撮っていた。

　夕刻，帰ろうとしたとき，従妹が，写真をお土産に手渡してくれた。伯父が，会話の合間に撮ってくれたスナップ写真だった。驚いて，どうやったのかと聞くと，近くのコンビニに行って焼いてもらったとのことであった。

4　マッチング主体としての消費者

　すでに述べたように，本書は，「マーケティングとはマッチングである」という認識からスタートした。

　マッチングは，生産から消費にかかわるすべての主体によって担われる。本書では，歴史的に登場した順に，商人そしてその分業を通じて役割分化した卸売業者と小売業者を，マッチング主体としてとりあげた。そして，20世紀を前後して自らマッチングに乗り出し，「マーケティング」という言葉の担い手として前面に登場した生産者（メーカー）のマッチング活動を，やや詳細にとり

あげた。

　市場のもう一方の担い手としての消費者については特に章を設けては取り上げなかったが，もちろん，マッチングの担い手としての存在を忘れてはならない。

4．1　マッチング主体としての消費者による生活協同組合

　今日，多くの生協（消費生活協同組合）は，店舗を持っていたり，宅配サービスを行ったりして，通常の小売業者と見分けのつかない活動を行っている。しかし，これらは，消費生活協同組合法のもと，同じ地域内に住む人々の相互扶助組織の「生活に必要な物資の供給事業」として行われている（厚生労働省ホームページ）。具体的には，添加物を押さえた食品や，成分無調整の低温殺菌牛乳など，その他多くの健康や栄養に配慮した食品を，生産者に委託して作ってもらい組合員に供給している。

　こうした活動は，消費者が求める品質の商品を自ら調達するというマッチング活動である。

4．2　消費者自らが求めるものを作ってもらう…空想無印，LEGO CUUSOO

　自分が，こんなものがあったら欲しいというものを提案し，それに対してデザイナーや一般の人がデザインを寄せ，より実現性の高いものへみなで高め合い，採算に乗る数量が確保できれば，しかるべきメーカーに生産を依頼する，という方式でモノを手に入れるというマッチングがここで紹介する方法である。

　エレファント・デザインは，無印良品と提携して「空想無印」をスタートさせた。そこで，「貼ったまま読める透明付箋紙」や「書き込めるメジャー」などが，上記のようなプロセスを経て「商品」化された。

　たとえば，「書き込めるメジャー」の商品化への道のりは次のようなものであった（空想無印ホームページ）。

　　　　2007年05月30日　「商品化に向けた活動報告」の中で，商品化検討
　　　　　　　　　　　会議にあがる

2008年08月19日　300票を達成し，商品化の可能性の検討スタート
2008年12月29日　1000票は未到達ながら，373票という状況を受けて，良品計画の判断により，商品化決定！
2009年01月14日　書き込めるメジャーの試作品ができあがり！
2009年02月25日　品質検査を通り，販売開始時期が確定
2009年03月12日　無印良品各店にて販売開始

　LEGO　CUUSOOでも，同じようにして，「しんかい6500」や「DeLorean Time Machine」などのLEGOが「商品」化された。

5　価値はどう実現するか

　これらの事例は，何を教えてくれているだろうか。消費とは一体どういうことだろうか。伯父のデジカメは，決して高級なモノでも最新のものでもなかった。
　消費は，そのものないしサービスを，自分のモノとして処分（費消）することである。従って，消費の前に，購買という自分のモノにするプロセスが必要である。
　次に，そのモノを使用することを通じて消費が行われる。しかし，消費は，それを通じて，その人にとっての価値を実現するために行われる。
　つまり，サービスとは違ってモノの消費は，購入とともに消費が終わるわけではなく，まさにそこから始まると言っていいだろう。当初もとめていたニーズで……例えばここでの例であるデジカメを使って考えてみると，それまでの銀塩カメラ同様，写真が撮れれば良いいうことで購入するのだろう。買ってみると，現像は，自分でプリンターを使ってできるし，それまで通りDPEでプリントアウトすることもできるが，撮った後，一週間も待つ必要はない。すぐその場で，撮れ具合を確認して作品を選び，それだけをプリントアウトすることができる。

つまり，時間経過とともに，使用経験が進み，それにつれて，徐々にニーズは広がり，拡大していく。

消費は使用コンテキストの中で行われる。ニーズの拡大は，使用のシーンにも影響を与えていく。撮ってプリントアウトして，という単純なことから，記念写真にしてお土産にしたり，結婚式の披露宴が終わって帰る際の記念としてプレゼントしたり，といったように 。

デジカメが本来持っていた機能を発見しさまざまな利用方法を引き出していくとともに，今のデジカメが持つ機能を超えた使用コンテキストを試すようになる。二つの画像を重ね合わせて，全く別の風景を人物の背景に使うといったことは，パソコンとフォトショップなどのソフトがあれば造作もないことであろうが，残念ながら，今のデジカメ単体にはできない。

使用（つまり消費）は価値の実現である。消費と購入とは同じではない。購入したモノの使用を通じて，そのモノが提供する価値が実現する。ということは，いかに使いやすいか，いかに使い方が分かりやすいか，が重要になる。それは，モノであればデザインとして実現されるし，いわゆる「使い勝手」として，その実現の際の価値を高める。

デザインは，価値の実現を助け，高める。個人的な体験を述べさせていただこう。

デザインには，消費者がそれを使うことを通じて何を価値として実現して欲しいかというデザイナーの意図が込められている。その意図が形になったものがデザインでありその商品である。

スープスプーンというと，半球型のややくぼみの深いスプーンを思い浮かべる人が多いだろう。日本では，それがスープスプーンだ，と言わんばかりの絶対的な（支配的）デザインとして，多くのレストランで出てくるデザインである。

しかし，この形のスープスプーンは，きわめて使いにくい。口にくわえて前に引き出すとき，くちの形に合っていないだけでなく，くぼみが深いためにスープがそこに残ってしまう。ヘリからススるという食べ方を強いるデザインであ

る。

　あるとき，デンマーク製のスープスプーンにめぐり会った。それは，大きめの楕円形をしており，くぼみはいたって浅い。口に入れて前に引き出すとき，普通にしているときの唇の形に合ったものであるため，不自然なくちの形をすることもなく，スープをきれいに口の中に入れることができる。フランス語ではスープは，飲むのではなく食べるというが，ススるのではなく，実に自然に「食べる」ことができるのである。

　コーヒーを飲むとき，一口ごとにカップのヘリをコーヒーが伝って，カップの側面を汚すという経験をしたことのある人も多いだろう。これも，あるとき，同じデンマーク製のコーヒーカップを使っていたとき，そのようなしたたりが生じてないことに気がついた。口をつけるヘリのデザインを唇の形にわずかに湾曲させることで，口の中にわずかに残ったコーヒーが，その湾曲面に沿ってカップの中に戻るため，外側にしたたるということが起きにくくなっていたのである。

　こうした発見をしたとき，私は，これらの食器をデザインした人と出会った気がした。スープを飲むのであれば，どんなスプーンでも構わないという人もいるだろう。スープの味が大事なのであって，そこで使っている食器の使いやすさは，主要な問題ではないと言われるだろう。事実，記憶に残るのはスープのおいしさであって，スプーンではない。しかし，口の中に入っていくスープの自然さは，その時の肉体に心地よさを残してくれたし，それは，少なくともスープのおいしさを邪魔しはしなかった。

　消費のプロセスないし消費の場というものを考えるとき，こうした経験が大事である。なぜか使っていて心地よい，楽しい，そうした積み重ねが，時間の経過とともに連続して起こっていくこと，消費とは，継続的な価値の実現なのである。

6　価値をどのように形にするか……ジョブズの流儀

　スティーブ・ジョブズは，iPod発売のプレゼンの中で，次のように言った。「アップルは，今回も得意なことをやりとげました。複雑なアプリケーションをさらにパワフルにしつつ使いやすくすること。iTunesは，最高のデジタルジュークボックスです。とてもシンプルなユーザーインターフェースにより，今まで以上に多くの人がデジタル音楽革命の恩恵をうけられると期待しています。」（ヤング＋サイモン，2005，p.420）
　「iPodには分厚い取扱説明書など要らない。」「iPodがあれば，音楽の楽しみが一変するんだ」（ヤング＋サイモン，2005，p.437）この姿勢は，1984年のマッキントッシュ発売の時から変わっていない。アップルによる当時の比較広告。IBMPCの横に分厚いマニュアルが何冊もドサッと落ち，人の顔の形に似たマッキントッシュの脇には，薄い冊子が一冊パサリと落ちる。このCMは，『コンシューマーリポート』誌で，シンプルで情報量の多いすぐれた作品として評価された。
　かつてソニーのウォークマンから再生されるステレオ音楽は，世界中の人々の音楽の楽しみ方を一変させた。自分の好きな音楽を好きなときに一人で，気兼ねなく楽しむことができる。しかも簡単に。
　iPodの前，いわゆるMP3プレーヤーは，同じように音楽を持ち歩くことを可能にしたし，しかも，ナップスターなどのソフトを使うことができれば，タダで音楽を手に入れることもできた。しかし，操作は，それなりの知識を必要としたし，実際，だれでもができるというようなものではなかった。
　「ジョブズは技術のための技術になど興味はない。付加しやすいからという理由だけで製品にいろいろな機能を詰め込んだりしない。その逆である。彼は製品ができるだけシンプルで使いやすくなるまで複雑さを切り詰める。アップルの多くの製品はユーザーの立場から設計されている。」（ケイニー，2008，p.78）

第14講　マッチングのプロセスで何が起こっているのか

「ジョブズはつねにユーザー体験を重視した。」ジョン・スカリーは言う。「彼はいつもユーザーがどのように体験するかという観点から物事を見てた。」ジョブズは言ったものだ。『グラフィックベースのコンピュータが何かを知らない人に、グラフィックベースのコンピュータはどうあるべきかを訊くなんてどだい無理な話だ。だれも見たことがないんだから』とね。」

「アートやテクノロジーにおける創造性とはすなわち個人の表現にかかわる問題だ。芸術家はフォーカスグループ（筆者注：市場ニーズを探る調査手法）を実施して絵が描けるわけではない。同じくジョブズもこれを利用することはない。フォーカスグループに何が欲しいかを尋ねてもイノベーションはままならない。彼らは何がほしいかを知らないからだ。大衆車を世に広めたフォード・モーター創設者のヘンリー・フォードがかつてこう述べている。「もしお客様に何がほしいかと訊ねていたら、もっと速い馬をという答えが返ってきただろう」

「自分が何をほしいかなんて、それを見せられるまでわからないことが多いものだ。」（ケイニー，2008，p.82）

「ジョブズはエンジニアのようには考えない。素人同然に考える。だからアップル製品の申し分ない実験台になる。彼はアップルにとって「ただの人」，つまり理想的な顧客なのだ。」（ケイニー，2008，p.84）「ジョブズはきわめて顧客中心である。iPodの起点は小さなハードドライブでも新しいチップでもなくユーザー体験だった」（ケイニー，2008，p.79）

「デザインというのはおもしろい言葉だ。外観のことだと思う人もいる。本当は，もっと深いもの，その製品がどのように働くかということなんだ。いいデザインをしようと思えば，まず，『真に理解する』必要がある。それが何なのか，心でつかむ必要があるんだ」（ヤング＋サイモン，2005，p.431）「ジョブズにとって，デザインとは装飾ではない。製品の見た目ではない。色合いや細かな様式ではない。ジョブズにとって，デザインとは製品の働きそのものである。」（ケイニー，2008，p.91）

この姿勢は，自社以外にも徹底される。

「アップルでは長年，「ヒューマン・インターフェース・ガイドライン（HIG）」の厳守が促されていた。どのソフトウェアアプリケーションにおいても一貫したユーザー体験を確保するための規格バイブルである。メニューの場所がどこか，どのようなコマンドを使うか，ダイアログボックスはどうデザインするか，そうしたことをHIGはデザイナーに逐一指示する。Macのソフトウェアはどこの会社が開発しようがすべて同じようにふるまわなければならない，という考え方である。」（ケイニー，2008，p.75）

7　廃棄までの時間軸

購入と使用の時間的経過

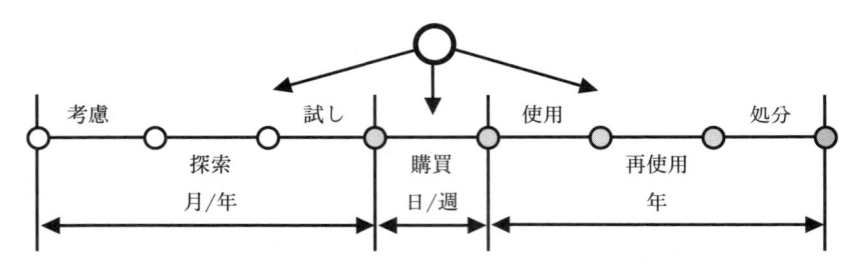

考慮　　　試し　　　　　　使用　　　　　処分
　　　探索　　　　　購買　　　　再使用
　　　月/年　　　　日/週　　　　年

D.F.エイベル（小林　一・二瓶喜博訳）（1996）『デュアル・ストラテジー』白桃書房。

エイベルは，図に示すように，モノの消費のプロセスを，購入前の考慮段階から廃棄に至るプロセス全体として考えた。使用は一回で終わるわけではなく，耐久消費財であれば，毎日毎日，何年も何年も続く。その毎日の使用の中で，製品の価値は持続的に実現していく。だからこそ，ジョブズは，自社が市場に送り出す製品の使い勝手にこだわったのであり，そのこだわりの視点が「顧客体験」であった。

やがて製品は寿命を終える。廃棄物となるとき，環境問題を気遣う消費者にとっては，それがしかるべく処理され，リサイクルされるべき部分はリサイク

ルされるということが見えていれば，長年楽しませてもらった製品に，安心して別れを告げることができる。したがって，環境問題に対する企業および企業群の取り組みとしては，OECDが推進する拡大生産者責任（EPR：Extended Producer Responsibility）という考え方が，重要であろう。これは，製造，使用，廃棄にいたる製品のライフサイクルのすべての段階に，生産者の責任を拡大するという考え方である。しかしながら，生産者の中心的な責任とリーダシップをベースにしながらも，流通の各段階にかかわる商業者，消費のプロセスにかかわる消費者の参加が不可欠であろう。そうした全体の仕組みが見えることで，われわれ消費者は，安心して製品を購入し使用することができる。

　消費者は，製品の購入を意識した時点から，購買の時点はもとより廃棄までの間のあらゆる使用状況やコンテキストにおいて，つまりは「消費」のプロセスの中で，その製品に対する満足（ないし不満足）を再生産していく。たとえば，購入した製品が故障したときのことを考えてみよう。その時どこにたよればいいのか，部品はどのくらいの時間で入手可能であろうか，修理サービスにかかる時間や費用はどのくらいであろうか。産業用の機器であれば，対応のスピードが特に問題になる。機械の故障による工事の中断などによって被る損失が甚大だからである。迅速な補修サービスのシステムがあることによって，顧客は，安心してその製品を買うという決定を下すことができる。

　このように，顧客満足は，購買時点をはるかに超えた時点において生起する事柄で左右される。商品の価値がそのような時間の広がりの中で実現するという視点を持てるならば，消費者が，そうした広がりを含めて購入しているのであり，それはとりもなおさず，製品そのものではなく満足を購入するのだということも理解しやすいだろう。

　このように考えるならば，製品は，単なる製品であることを超えて「交換対象物」（何が交換の対象となっているのか）として考えられるべきであり，さらに，時間次元を含める形で，その交換の全体が考慮されなければならない。コンビニエンス・ストアを初めとして，生産から流通・販売に至る事業システムによって最終の提供物（offering）を生産し供給しようとしている企業（群）

は，いずれも，意識すると否とにかかわらず，このような認識の下に事業活動を行ったとき，消費者に支持されるすぐれた成果を達成するのだと言えよう。

参考文献

エイベル，D.F.；小林　一・二瓶喜博訳（1995）『デュアル・ストラテジー』（白桃書房）。

ケイニー，リーアンダー（三木俊哉訳）（2008）『スティーブ・ジョブズの流儀』ランダムハウス講談社。

二瓶喜博（2008）『製品戦略と製造戦略のダイナミックス』五絃舎

二瓶喜博（2000）「循環型経済における共生マーケティングの可能性…PETボトルのリサイクルを手がかりに…」亜細亜大学経営論集36巻1号。

二瓶喜博（2000）「市場のニュールールは達成されたのか……PETボトルのリサイクルにみる環境マーケティングの成立要件」『TRI-VIEW』Vol.14, No.1。

二瓶喜博（1995）「リサイクルを戦略的に組み込んだ製品開発---プロダクティブ・ユニット概念の活用」『TRI-VIEW』Vo.9, No.4。

ヤング，ジェフリー・S＋ウィリアム・L・サイモン（井口耕二訳）（2005年）『スティーブ・ジョブズ偶像復活』東洋経済新報社。

井上崇通・村松潤一編集（2010）『サービス・ドミナント・ロジック ── マーケティング研究への新たな視座』同文舘出版。

索　引

（アルファベット）

AIDA　152
AISAS　154
CGM　154
CM　55
DAGMAR　153
EDI　55
EDLP　110
EPR　195
GMS　30
ICT　45, 54, 64
IMC　145, 172
Marketing Myopia　74
MD　19
Opportunity　97
PB　19
Place　84
POP　111
POS　19, 44, 55
Price　84
Product　84
Promotion　84S
SERVQUAL　176
SP　148
SPA　19, 30
Threat　97
VMS　131

（あ行）

アソートメント　38
市　12
一般的等価物　13
イベント　147
インターナル・マーケティング　84
ウォンツ　87
売上高曲線　113
売手　44
売れ筋　45

SDロジック　185
延期　58
オープン　57
卸売　23, 40

（か行）

買回品　112
買手　44
開放的チャネル政策　130
買い物コスト　24
価格　84, 117
価格設定戦略　118, 125
価格設定に影響を及ぼす外部要因　120
価格設定に影響を及ぼす内部要因　118
価格戦略　117
価格調整戦略　118, 128
価格目標　117, 118
課業管理　176
拡大された製品　105
価値　88
カテゴリーキラー　30
金のなる木　96
環境・リサイクル事業　166
管理型VMS　133
機関別研究　18
企業型VMS　133
企業価値の向上　164
企業広告　155
危険負担機能　39
既存顧客　88
機能代置　39
機能的研究　18
業際化　48
業種　25
協創　186
競争重視型の価格設定　123
業態　26
共同行動　58
金融機能　39

くちコミ　　　145, 146
クローズド　　　57
クロス・コミュニケーション　　　155
クロスメディア　　　154
経験価値マーケティング　　　179
経済活動の急激な拡大　　　157
経済の暗黒大陸　　　72
契約型VMS　　　133
決定的瞬間　　　145, 178
原価加算法　　　122
懸隔　　　15
現金問屋　　　39
現代マーケティング　　　70
郊外型ショッピングセンター　　　32
交換　　　9
交換価値　　　10
交換対象物　　　195
広告　　　144
小売　　　23, 40
小売業　　　23, 24
小売サービス　　　24
小売流通　　　24, 25
コープランド, M.T.　　　69
顧客　　　86
顧客維持　　　88
顧客志向のマーケティング
　・コンセプト　　　72
顧客体験　　　194
顧客にとっての中核的価値　　　105
顧客の概念　　　86
顧客の合理性　　　86
顧客の創造　　　71
顧客の満足　　　88
顧客満足の氷山　　　106
コスト　　　118
コスト・リーダーシップ戦略　　　98
コスト重視型の価格設定　　　122
コストプラス法　　　122
コトラー, P.　　　75
コブランディング政策　　　109
個別ブランド政策　　　109
コンビニエンスストア　　　30

（さ行）

サーバクション・システム　　　177
サービシーズ　　　185
サービス　　　185
サービスの商品特性　　　175
サーブカル　　　176
最終消費者　　　23
再販売業者　　　12
サスティナビリティ　　　159, 163
サスティナブル・マーケティング　　　161
サスティナブル・マーケティング
　・コンセプト　　　162
差別化　　　92
差別化戦略　　　99
GDロジック　　　185
ジェネリック・ネーム　　　109
事業の定義　　　94
資源循環型ビジネス　　　165
自社にとって脅威　　　97
市場　　　112, 120
市場価格基準法　　　123
市場成長率と相対的市場シェアの
　マトリクス　　　95
市場の細分化　　　92
市場の選択と集中　　　92
持続可能性　　　159
持続可能な発展　　　159
品揃　　　38, 43
死に筋　　　45
社会・環境価値の創造　　　164
社会的責任マーケティング　　　85
集中戦略　　　99
需給接合機能　　　38
需要　　　87, 120
需要の価格弾力性　　　120
ショウ, A.W.　　　68
使用価値　　　10
商業統計調査　　　24
上層吸収価格戦略　　　126
商人　　　14
商人の存立根拠　　　11

索　引　199

消費者　23
消費のプロセス　191
商品別研究　18
情報縮約機能　38
情報流　20
消滅性　175
商流　20
初期高価格戦略　126
初期低価格戦略　127
新規顧客　88
新製品の価格設定戦略　125
人的販売活動　144
浸透価格戦略　127
垂直的マーケティング・システム　131
スーパーマーケット　29
SWOT分析　97
生産コンセプト　81
生産志向のマーケティング　171
製販同盟　57, 62
製品　84
製品コンセプト　81
製品分類　112
製品ミックス　111
製品ライフ・サイクル　113
製品ライン　111
全機能卸　39
戦術的マーケティング　93
全体最適化　73
選択的チャネル政策　130
専門品　112
戦略的事業単位　95
戦略的マーケティング　92
総合商社　40
創造的な側面　76
創造的なマーケティング　88
ソサエタル・マーケティング・
　コンセプト　82

（た行）

体系的撤退　96
代理店　40
チェーンシステム　28

チェーンストア　28
チェーン本部　40
知覚価値重視型の価格設定　123
地球規模の環境問題　158
チャンス・ロス　45
中央卸売市場　37
中間商人排除　41
強み　98
定式的な側面　76
ディスカウントハウス　29
デザイン　188, 190
手数料商人　40
伝統的な流通チャネル　130
統一ブランド　109
投機　58
統合型マーケティング　84
同時性　175
トータル・マネジメント　73
取引コスト　134
取引数節約　15
トリプルボトムライン　162
トリレンマ　162
トレードオフ　162
問屋　39

（な行）

内的マーケティング　178
中抜き　41
ナショナル・ブランド　110
ニーズ　87
入札価格法　125
値入率　123
ネット通販　32
ノンカスタマー　86

（は行）

パートナーシップ・マーケティング　137
排他的チャネル政策　130
パッケージ　110
発注仮説　45
バトラー, R.S.　69
花形　96

バリュー・イノベーション　99
販売会社　40
販売コンセプト　81
販売志向のマーケティング　171
販売促進　144, 148
販売の社会性　16
PR　147, 155
非顧客　86
ビジネスの目的　70
100円ショップ　30
百貨店　27
標的市場　92
不確実性プール　15
プッシュ戦略　151
物流　20
プライベート・ブランド　19, 110
フランチャイズ・チェーン　29
ブランド　107
ブランド・エクイティ　108
ブルー・オーシャン戦略　99
プル戦略　151
ブローカー　39
プロモーション　84
プロモーション・ミックス　150
ベネフィットの束　104
便宜品　112
変動性　175
ポーター, M.E.　98
ポジショニング　92
ホスピタリティ・マーケティング　180
ボランタリー・チェーン　29
ホリスティック・マーケティング・コンセプト　82

（ま行）

マークアップ（率）　123
マーケティング・コンセプト　81
マーケティング・ミックス　84, 103, 119
マーケティング・ミックスの差別化　104
マーケティング近視眼　74
マーケティング戦略　93
マーケティングのイノベーション　85
マーケティングの考え方　173
マーケティングの機会　97
マーケティングのツール　84
マーケティングの定義　79
マーケティングのプロセス　91
マーケティングの本質　86
マーケティング方針　80
マージン（率）　123
マクロ・マーケティング　18
負け犬　96
マッチング　18, 20
ミクロ・マーケティング　18, 68
ミッション　93
3つの基本戦略　98
無形性　175
無店舗販売　32
問題児　96

（や行）

輸送・配送機能　38
4つのP　84
4つのシステム条件　160
弱み　98
4C　172
4Pマーケティング　171

（ら行）

利益曲線　114
利害関係者　87
リテール・サポート　46
利幅率　123
流通　84
流通サービス水準　43
リレーションシップ・マーケティング　83
レギュラー・チェーン　29
レビット, T.　74

（わ行）

ワンストップ・ショッピング　25

著者紹介（五十音順）

大江　宏（おおえ・ひろし）
　亜細亜大学経営学部教授
　第2講・第9講・第12講　担当

小山　良（こやま・りょう）
　亜細亜大学経営学部教授
　第4講・第10講　担当

二瓶喜博（にへい・よしひろ）
　亜細亜大学経営学部教授
　序・第1講・第3講・第8講・第11講・第13講・第14講　担当

白　珍尚（ぺく・じんさん）
　亜細亜大学経営学部准教授
　第5講・第6講・第7講　担当

マーケティング入門

2002年 9 月25日　初版発行
2003年11月 5 日　初版二刷発行
2004年 9 月25日　新訂版発行
2006年 3 月25日　新訂版二刷発行
2007年 9 月25日　新訂版三刷発行
2008年 9 月25日　第 3 版発行
2010年 9 月25日　第 4 版発行
2012年 9 月25日　第 5 版発行

編著者：亜細亜大学経営学部マーケティング研究会
発行者：長谷雅春
発行所：株式会社五絃舎
　　　　〒173-0025　東京都板橋区熊野町46-7-402
　　　　TEL・FAX：03-3957-5587

検印省略　Ⓒ　2012
組版：Office Five Strings
印刷・製本：モリモト印刷
Printed in Japan
ISBN978-4-86434-015-1
落丁本・乱丁本はお取り替えいたします。
本書より無断転載を禁ず。